AF296916

mr feuillet auteur de ce livre est le 1er qui ait traité la chorégraphie dans la forme qui est encor en vigueur et dont mr feuillet est presque tout a fait l'inventeur. le fameux pécourt le plus fameux danseur du siècle dernier adopta le système de feuillet s'en servit pour dessiner les ballets de l'opéra qu'il composoit ~~et~~

~~la 1ère édition de la chorégraphie de feuillet est de 1700 en—— la 1ère~~

dans ce volume après le livre didactique sur

On trouvera ~~après recueil~~ les danses de mr feuillet ~~et celuy~~ de pecour les ballets dessinés suivant les principes de feuillet ~~puisent de la 1ère édition~~ cette seconde partie est de 1700 étant d'un an plus ancienne que la première.

voyes l'article chorégraphie dans l'encyclopédie

Je trouve dans l'histoire de la dance de Mr. de Cahusac, que Beauchamp, qui étoit le Mr. des ballets de l'opéra du temps de Lully, a fait imprimer un livre de chorégraphie, et que l'honneur d'avoir fait cet ouvrage lui ayant été disputé il obtint un arrêt du parlement qui le lui adjugea.

# CHOREGRAPHIE
## OU
## L'ART DE DE'CRIRE
# LA DANCE,
## PAR CARACTERES, FIGURES
## ET SIGNES DE'MONSTRATIFS,

Avec lefquels on apprend facilement de foy - même toutes fortes de Dances.

Ouvrage tres-utile aux Maîtres à Dancer & à toutes les perfonnes qui s'appliquent à la Dance.

*Par M. FEUILLET, Maître de Dance.*

Seconde édition, augmentée.

## A PARIS,

Chez l'Auteur, ruë de Buffi, Faubourg S. Germain, à la Cour Imperiale.

Et chez MICHEL BRUNET, dans la grande Salle du Palais, au Mercure galant.

M. DCCI.

*AVEC PRIVILEGE DU ROY.*

A

# MONSIEUR PECOUR,

## PENSIONNAIRE DES MENUS PLAISIRS

## DU ROY,

Et Compositeur des Ballets de l'Academie Royale
de Musique de Paris.

ONSIEUR,

*Il est agreable de trouver dans une même personne tou-
tes les qualitez necessaires pour autoriser le choix d'un
Patron, & je suis trop heureux que mon penchant se
soit déclaré pour un merite aussi distingué que le vôtre;
cela m'assure, MONSIEUR, en quelque façon une*

ã ij

*approbation generale pour le petit Ouvrage que j'ay l'honneur de vous dédier, sur tout si vous l'honorez de votre suffrage. Il seroit à souhaitter que j'eusse aussi bien reüssi dans mon entreprise que dans mon choix ; en effet, MONSIEUR, pouvois-je mieux choisir pour décider sur une matiere de Dance ? tout le monde ne sçait-il pas que vous êtes le modele des plus parfaits Danceurs, & que tous les autres ne sont estimez qu'autant qu'ils vous imitent ? Tant de Ballets differens que vous composez, & qui font le plus bel ornement du Theatre ; cette admirable justesse qui se trouve dans toutes vos idées & qu'on voit éclore avec tant d'art & de naturel, cette fine delicatesse répandüe dans tout ce que vous faites ; tout cela, dis-je, marque en vous, MONSIEUR, une fecondité inépuisable qui vous a attiré à juste titre non-seulement la réputation de toute la France, mais encore celle de toutes les Cours étrangeres : Ces raisons justifient assez que je ne pouvois pas mieux faire que de vous addresser mon travail. Agréez-le donc, s'il vous plaît, & soyez persuadé que la plus grande joye qu'il puisse me donner, c'est de faire connoître par tout que je suis tres-parfaitement,*

MONSIEUR,

Vôtre tres-humble & tres-obéïssant
Serviteur FEUILLET.

# PREFACE.

PLufieurs perfonnes avant moy ont travaillé en differens temps à mettre les Dances fur le papier, par le moyen de quelques Signes ; mais comme leur travail eft demeuré infructueux, j'ay tâché de conduire le mien affez loin pour le rendre utile au public; il eft vray que le Dictionnaire Hiftorique de Furetiere à la lettre ORC, fait mention d'un livre de Dance, dont les Pas font nottez avec des nottes de Mufique, mais ce livre ne fe trouve plus. En voicy les propres termes.

Il y a un Traité curieux, fait par Thoinet Arbeau, imprimé à Langres en 1588. qu'il a intitulé ORCHESOGRAPHIE; c'eft le premier ou peut-être le feul qui a notté & figuré les Pas de la Dance de fon temps de la même maniere qu'on notte le Chant & les Airs.

Ainfi nous avons obligation à cet Auteur de nous avoir donné les premieres idées de décrire la Dance, quoy pourtant qu'il y en a qui veulent qu'elle nous foit venuë de Hollande.

De tous les Signes, Caracteres & Figures que j'ay pû inventer, je n'ay employé dans cet Ouvrage que ceux qui m'ont paru les plus propres & les plus démonftratifs, & j'ay tâché d'expliquer clairement tout ce qui peut être neceffaire, pour en rendre l'ufage facile.

On ne peut nier qu'il ne foit tres utile & tres avantageux aux Maîtres à Dancer, tant à ceux de Paris, qu'à ceux des Provinces, & même des autres Royaumes, & enfin aux Ecoliers, parce que les uns & les autres par le fecours des Signes, Caraĉteres & Figures que je donne , pourront déchiffrer aifément les Dances, comme l'on déchiffre les Airs de Mufique nottez.

J'aurois crû donner trop peu au public, fi je ne luy avois donné feulement que l'explication des Principes & des Elemens de la Dance, fans y joindre des Exemples particuliers de differentes Dances, pour en enfeigner l'ufage & la pratique ; c'eft ce qui m'a engagé à compofer plufieurs Dances que j'ay mifes à la fin de ce Traité, dont il y a plufieurs Entrées de Ballet, propres pour homme & pour femme, tant pour une perfonne feule, pour deux, pour quatre, que pour huit, fur de differens Airs & de differens mouvemens , il y en a pour des Maîtres, & d'autres pour des Ecoliers déja avancez dans cet exercice.

Outre les Dances que j'ay faites & que je donne, j'ay mis à la fin de ce Livre un Recueil des plus belles Dances de Bal, qui ont été compofées par Monfieur Pecour, qu'il a bien voulu revoir luy-même avant d'être gravées , afin qu'elles foient bien correctes, à caufe qu'il y a une grande quantité de perfonnes qui ne les ont pas fidellement.

J'ay choifi les plus nouvelles & celles qui ont le plus de cours.

Je donneray dans peu un autre Recueil de ces plus belles Entrées de Ballet, pour homme & pour femme, tant pour une perfonne feule que pour plufieurs, fans compter toutes les nouvelles Dances de Bal qui fe compoferont à l'avenir, que je feray graver chacune en particulier, pour l'utilité publique , qu'on pourra envoyer dans une Lettre ainfi qu'on envoye un Air de Mufique.

# PRIVILEGE DU ROY.

LOUIS par la grace de Dieu Roy de France & de Navarre : A nos amez & feaux Confeillers les gens tenans nos Cours de Parlément, Maîtres des Requêtes ordinaires de nôtre Hôtel, Baillifs, Sénéchaux, Prevôts, Juges, leurs Lieutenans & tous autres nos Jufticiers & Officiers qu'il appartiendra, Salut. Nôtre bien amé le fieur Raoul Auger Feuillet Maître de Dance de Paris, Nous a tres-humblement fait remontrer qu'il defireroit faire graver & imprimer un Livre de fa compofition, intitulé *l'Art de décrire la Dance, par Caraéteres & Figures démonftratifs, avec lefquels on apprend facilement de foy-même toutes fortes de Dances*, il auroit choifi pour imprimer & graver ledit Livre G. P. du Mefnil, Imprimeur de nôtre bonne Ville de Paris, s'il Nous plaifoit luy en accorder nos Lettres de permiffion fur ce neceffaires. A CES CAUSES voulant favorablement traiter ledit Expofant, Nous luy avons permis & accordé, permettons & accordons par ces prefentes, de graver, faire graver ou imprimer ledit Livre, comme auffi de faire imprimer & graver, tant à prefent qu'à l'avenir toutes les nouvelles Dances, tant de fa façon que des autres Auteurs, avec leurs permiffions, pendant le temps de fix ans, porté par lefdites Lettres, durant lequel temps Nous faifons deffenfes à tous Imprimeurs & Libraires, Graveurs & autres perfonnes de faire imprimer, graver ny contrefaire, ny de fe fervir d'aucuns des Caraéteres & Figures contenus dans ledit Livre, ny de contrefaire aucunes Dances, fans la permiffion de l'Expofant ou de fes ayans caufes, à peine de trois mille livres d'amende, & de tous dépens, dommages & interêts, & de confifcation des exemplaires contrefaits & autres marchandifes qui s'y trouveront jointes, à condition qu'il fera mis deux exemplaires dudit Livre en nôtre Biblioteque publique, un en celle du Cabinet des Livres de nôtre Château du Louvre, & un en celle de nôtre tres-cher & feal Chevalier Chancelier de France le fieur Boucherat, Commandeur de nos Ordres, avant de l'expofer en vente, à la charge auffi que l'impreffion en fera faite en nôtre Royaume, & que ledit Livre fera imprimé & gravé fur de bon papier, & ce fuivant les derniers Reglemens de l'Imprimerie & Librairie, à peine de nullité des prefentes, lefquelles feront regiftrées dans le Regiftre de la Communauté des Imprimeurs & Libraires de Paris. Si vous mandons & enjoignons que du contenu en icelles vous faffiez joüir pleinement & pai-

fiblement l'Expofant, ou ceux qui auront droit de luy, fans fouffrir qu'il
leur foit fait aucun empêchement. Voulons auffi qu'en mettant au commencement ou à la fin dudit Livre une copie ou extrait d'icelles elles
foient tenuës pour bien & duëment fignifiées, & que foy y foit ajoutée
& aux copies collationnées par l'un de nos amez & feaux Confeillers
Secretaires, comme à l'Original : Commandons au premier nôtre Huif-
fier ou Sergens fur ce requis, faire pour l'execution des prefentes toutes
faifies, fignifications & autres actes de Juftice neceffaires, fans deman-
der autre permiffion, nonobftant toutes oppofitions, clameur de Haro,
Charte Normande & Lettres à ce contraires. Car tel eft nôtre plai-
fir. Donne' à Paris le vingt-deuxiéme jour d'Août, l'an de grace
mil fix cens quatre-vingt-dix-neuf, & de nôtre Regne le cinquante-
feptiéme. Signé par le Roy en fon Confeil Moret.

*Regiftré fur le Livre de la Communauté des Imprimeurs & Libraires,
conformément aux Reglemens. A Paris le 13. Decembre 1699.*
*Signé, C. Ballard, Syndic.*

Achevé d'imprimer pour la premiere fois le 31. Decembre 1699.

L'ART

# L'ART

## DE DE'CRIRE

# LA DANCE,

### PAR CARACTERES ET FIGURES

### DEMONSTRATIFS,

Avec lesquels on apprend facilement de soy-même toutes
sortes de Dances.

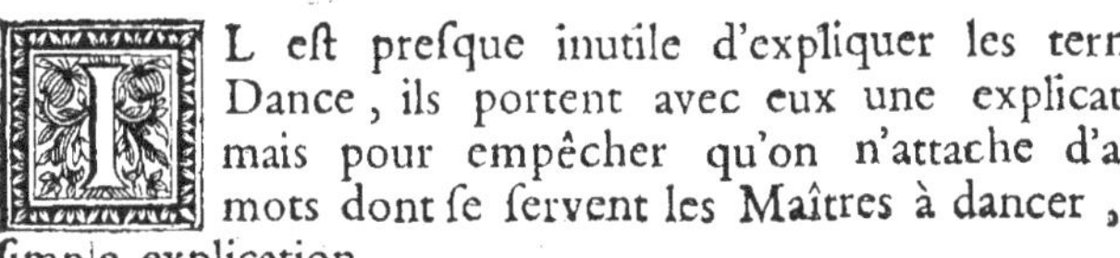

L est presque inutile d'expliquer les termes affectez à la
Dance, ils portent avec eux une explication assez claire ;
mais pour empêcher qu'on n'attache d'autres idées aux
mots dont se servent les Maîtres à dancer , j'en donne une
simple explication.

A

Dans la Dance on ſe ſert de Poſitions, de Pas, de Pliez, d'Elevez, de Sauts, de Cabriolles, de Tombez, de Gliſſez, de Tournemens de Corps, de Cadences, de Figures, &c.

Poſitions, eſt ce qui marque tous les differens endroits où on peut poſer les pieds en dançant.

Pas, eſt ce qui marche d'un lieu en un autre.

Plié, eſt quand on plie les genoux.

Elevé, eſt quand on les étend.

Sauté, eſt lorſqu'on s'éleve en l'air.

Cabriolle, eſt quand en ſautant, les jambes battent l'une contre l'autre.

Tombé, eſt lorſque le corps eſt hors de ſon équilibre, & qu'il tombe par ſon propre poids.

Gliſſé, eſt quand le pied en marchant gliſſe à terre.

Tourné, eſt lorſqu'on tourne d'un côté ou d'un autre.

Cadence, eſt la connoiſſance des differentes meſures, & des endroits qui marquent le plus dans les Airs.

Figure, eſt de ſuivre un chemin tracé avec art.

Avant que de faire la démonſtration de tout ce qui vient d'être expliqué cy-deſſus; il faut auparavant faire connoître le lieu où l'on dance, comme on doit s'y placer, & le chemin que l'on doit tenir en dançant.

## DE LA SALLE OU THEATRE.

**L**A Salle ou Theâtre eft le lieu où l'on dance, que je reprefente par un efpece de quarré plus long que large, comme marque la figure A B C D, dont le haut fera A B, le bas fera C D, le côté droit fera B D, & le côté gauche fera A C.

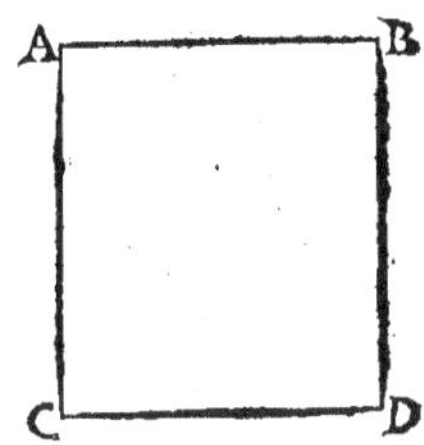

### De la prefence du Corps.

**L**A prefence du Corps eft quand le devant du Corps eft vis-à-vis l'un des quatre côtez de la Salle, que je reprefente par la figure F G H I, dont F G marque les deux côtez du corps, H marque le devant, & I marque le derriere.

| Le Corps vis-à-vis le haut de la Salle. | Le Corps vis-à-vis le bas de la Salle. | Le Corps vis-à-vis le côté droit de la Salle. | Le Corps vis-à-vis le côté gauche de la Salle. |
|---|---|---|---|

## Du Chemin.

J'Appelle le Chemin la ligne fur laquelle on dance.
Le Chemin fert à deux ufages, premierement il fert pour écrire les Pas & les Pofitions, & fecondement pour faire obferver la Figure des Dances.

Tous les Pas & Pofitions fe pourroient écrire fur deux lignes, fçavoir fur une ligne droite & fur une ligne diametrale ; mais comme il faut que le Chemin ferve auffi pour la figure des Dances, je me ferviray outre la ligne droite, & la ligne diametrale de lignes circulaires & de lignes obliques.

J'appelle ligne droite celle qui va en longueur d'un bout de la Salle vers l'autre bout, cómme marque la ligne K.

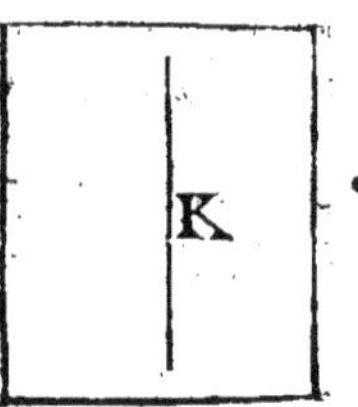

Ligne diametrale, celle qui va en travers d'un cofté de la Salle vers l'autre cofté, comme marque la ligne L.

Ligne Circulaire, celle qui va en circulant de costé & d'autre, comme marque la ligne M.

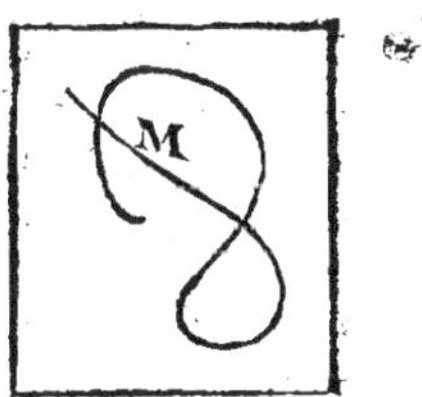

Ligne Oblique, celle qui va obliquement d'un coin de la Salle vers l'autre coin, comme marque la ligne N.

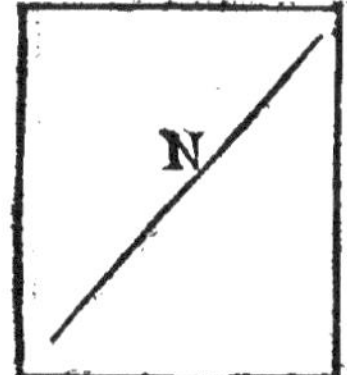

Chacune de ces lignes separées ou jointes ensemble peuvent former un chemin propre à dancer, sur lequel on pourra écrire les Pas & les Positions, comme marque la figure O, dont le commencement se connoîtra par ce qui marque la presence du corps, que j'y joins pour marquer devant quel costé de la Salle le devant du corps doit être avant de dancer.

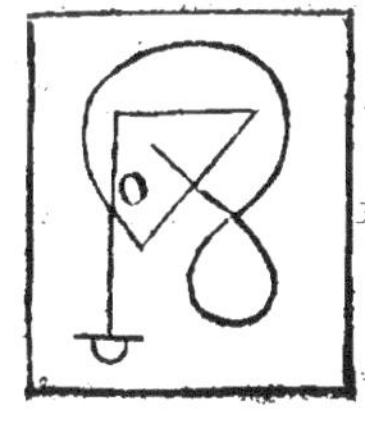

### Des Positions.

ON pratique ordinairement de dix sortes de Positions, qu'on divise en bonnes & en fausses.

Les bonnes Positions sont quand les deux pieds sont dans une certaine regularité uniforme, les deux pointes tournées également en dehors.

Les mauvaises, sont les unes uniformes, & les autres difformes entr'elles, & different des bonnes en ce que les pointes des pieds sont en dedans, ou s'il y en a un en dehors, l'autre est toujours en dedans.

Dans toutes les Positions on connoîtra la figure du pied par ce qui suit, sçavoir ce qui est fait comme un o, represente le talon, le commencement de la queuë joignant l'o, represente la cheville, & l'extremité de la queuë, represente la pointe.

### Demy Position.

La Pointe...
La Cheville...
Le Talon...

Cette figure du pied je ne l'appelleray que demy Position, parce qu'elle ne represente qu'un pied, au lieu que la position entiere en represente deux, comme marque la figure A B, & comme on le verra encore cy-aprés.

### Position.

On remarquera dans la figure precedente, que la demy Position qui est à gauche marquée A, represente le pied gauche, & celle qui est à droite marquée B, represente le pied droit.

## Des bonnes Positions.

LEs bonnes Positions font au nombre de cinq.
La premiere eſt lors que les deux pieds ſont joints enſemble, les deux talons l'un contre l'autre.

*Premiere Poſition.*

La deuxiéme, quand les deux pieds ſont ouverts ſur une même ligne, de la diſtance de la longueur du pied, entre les deux talons.

*Seconde Poſition.*

La troiſiéme, lorſque le talon d'un pied eſt emboëté contte la cheville de l'autre.

*Troiſiéme Poſition.*

La quatriéme, quand les deux pieds ſont l'un devant l'autre, éloignez de la diſtance de la longueur du pied entre les deux talons qui ſont ſur une même ligne.

*Quatriéme Poſition.*

La cinquiéme, lorſque les deux pieds ſont croiſez l'un ſur l'autre, de maniere que le talon d'un pied ſoit droit vis-à-vis la pointe de l'autre.

*Cinquiéme Poſition.*

*Des fausses Positions.*

LEs fausses Positions sont aussi au nombre de cinq.

La premiere, est lorsque les deux pointes des pieds sont tournées en dedans, en sorte qu'elles se touchent, & que les talons soient ouverts sur une même ligne.

*Premiere            Position.*

La deuxiéme, quand les pieds sont ouverts de la distance de la longueur du pied entre les deux pointes, qui sont toutes deux tournées en dedans, & que les deux talons soient sur une même ligne.

*Seconde            Position.*

La troisiéme, lorsque la pointe d'un pied est en dehors , & l'autre en dedans, en sorte qu'ils soient paralleles l'un à l'autre.

*Troisiéme    Position.*

La quatriéme, quand les deux pointes des pieds sont tournées en dedans, de maniere que la pointe d'un pied soit proche de la cheville de l'autre.

*Quatriéme    Position.*

La cinquiéme fausse, s'écrit comme la cinquiéme bonne, & elles paroissent estre toutes deux la même chose, cependant elles font un effet tout different l'une de l'autre ; car au lieu qu'à la bonne les deux pointes des pieds sont tournées en dehors, à la fausse elles sont en dedans, se croisant l'une sur l'autre, en sorte que le talon d'un pied soit droit vis-à-vis la pointe de l'autre, & on la distinguera d'avec la bonne par une petite barre entre les deux demy Positions.

*Cinquiéme    Position.*

## Du Pas.

QUoy que la quantité des Pas dont on se sert dans la Dance soit presqu'innombrable, on les reduit neanmoins à cinq, qui ne serviront icy que pour démontrer toutes les differentes figures que la jambe peut faire, qu'on appelle pas droit, pas ouvert, pas rond, pas tortillé, & pas battu.

Pas droit, est quand le pied marche sur une ligne droite, il y en a de deux sortes, l'un en avant, & l'autre en arriere.

Pas ouvert, est lorsque la jambe s'ouvre ; il y en a de trois sortes, l'un en dehors, l'autre en dedans, qui se font en figure d'arc de cercle, & le troisiéme à côté, qu'on peut appeller pas droit, parce que sa figure est droite.

Pas rond, est quand le pied en marchant fait une figure ronde ; il y en a de deux sortes, l'un en dehors, & l'autre en dedans.

Pas tortillé, est lorsque le pied en marchant se tourne en dedans & en dehors ; il y en a de trois sortes, l'un en avant, l'autre en arriere, & le troisiéme à côté.

Pas battu, est quand la jambe ou le pied vient battre contre l'autre ; il y en a de trois sortes, l'un devant, l'autre derriere & le troisiéme à côté.

Le Pas se connoîtra par la figure qui suit, sçavoir par une petite teste noire marquée A , representant l'endroit où est le pied avant de marcher, par une ligne sortant de la petite teste noire marquée B, representant sa trace, figure & grandeur, comme depuis A jusqu'à D, & par un petit renvers joint à son extremité marqué C ; represente le pied, sçavoir D, marque le talon, & E marque la pointe.

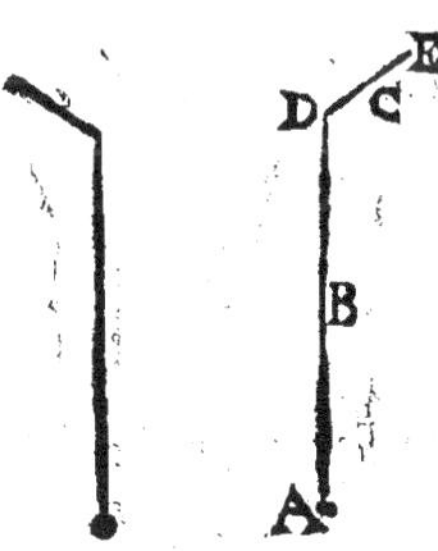

On remarquera que le Pas qui eſt du côté droit dans l'exemple cy-de-vant ſe fait du pied droit, celuy qui eſt à gauche ſe fait du pied gauche.

*Demonſtration de tous les Pas qui viennent d'être expliquez.*

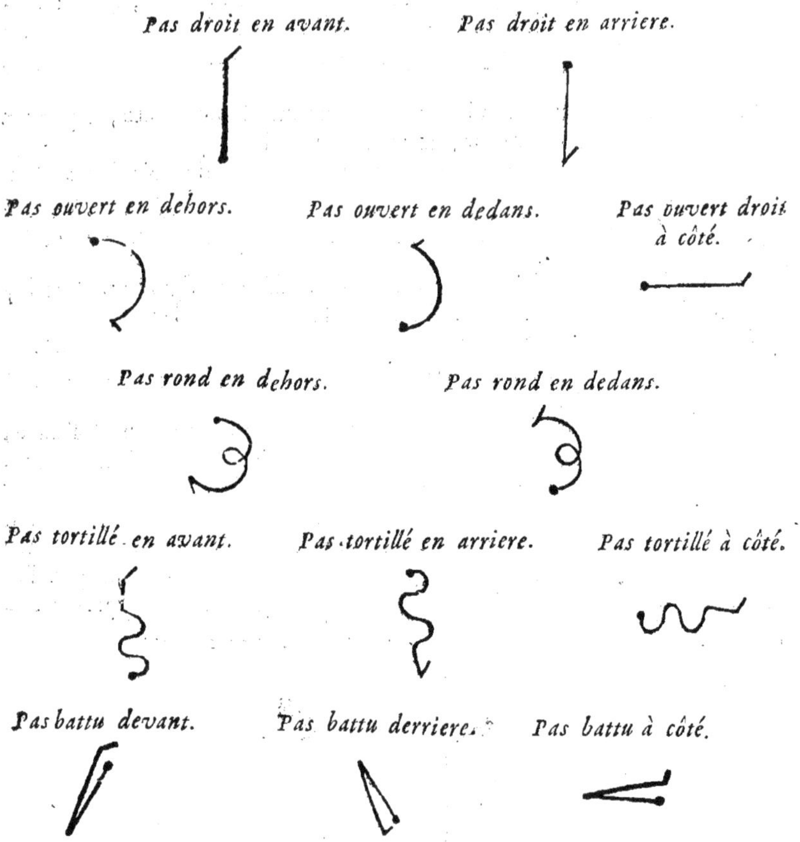

*Pas droit en avant.*      *Pas droit en arriere.*

*Pas ouvert en dehors.*    *Pas ouvert en dedans.*    *Pas ouvert droit à côté.*

*Pas rond en dehors.*    *Pas rond en dedans.*

*Pas tortillé en avant.*    *Pas tortillé en arriere.*    *Pas tortillé à côté.*

*Pas battu devant.*    *Pas battu derriere.*    *Pas battu à côté.*

On ſe reſſouviendra que j'ay repreſenté le pied dans la demy Poſi-tion à la page 6. par un o, & une petite queuë ſortante de l'o, au lieu qu'au Pas je le repreſente par un petit renvers joint à ſon extremité, comme il eſt démonſtré dans tous les Pas cy-deſſus.

Les Pas peuvent être accompagnez des Signes fuivans, comme Plié, Elevé, Sauté, Cabriollé, Tombé, Glifsé, avoir le pied en l'Air, pofer la Pointe du pied, pofer le Talon, tourné un quart de Tour, tourné un demy Tour, tourné trois quarts de Tour, & tourné le Tour entier.

Le figne de Plier eft quand fur un Pas il y a un petit tiret panché du côté de la petite tête noire.

*Pas* ⌠ *plié.*

Le figne d'Elever, eft quand fur un Pas il y a un petit cran tout droit.

*Pas* ⌠ *élevé.*

Le figne de Sauter, eft lors qu'il y en a deux.

*Pas* ⌠ *fauté.*

Le figne de Cabrioller, eft quand il y en a trois.

*Pas* ⌠ *cabriollé.*

Le figne de Tomber, eft lors qu'au bout d'un cran il y a un petit tiret allant vers ce qui reprefente le pied.

*Pas* ⌠ *tombé.*

Le figne Glifsé, eft quand au bout d'un cran il y a une petite barre en longueur du Pas.

*Pas* ⌠ *glifsé.*

Le figne d'avoir le pied en l'air, eft lorfque le pas eft tranché.

*Le pied  en l'air.*

Le figne de pofer la pointe du pied fans que le corps y foit porté, eft quand il y a un point directement au bout de ce qui reprefente la pointe du pied.

*Pofer la pointe du pied fans que le corps y foit porté.*

Le figne de pofer le talon fans que le corps y foit porté, eft lors qu'il y a un point directement derriere ce qui reprefente le talon.

*Pofer le talon fans que le corps y foit porté.*

Le figne de tourner un quart de tour, eft reprefenté par un quart de cercle.

*Tourné un quart de tour.*

Le figne de tourner un demy tour, eft reprefenté par un demy cercle.

*Tourné un demy tour.*

Le figne tourné trois quarts de tour, eft reprefenté par trois quarts de cercle.

*Tourné trois quarts de tour.*

Le figne de tourner le tour entier, eft reprefenté par un cercle entier.

*Tourné un tour entier.*

## Comme les Pas peuvent avoir plusieurs Signes à la fois.

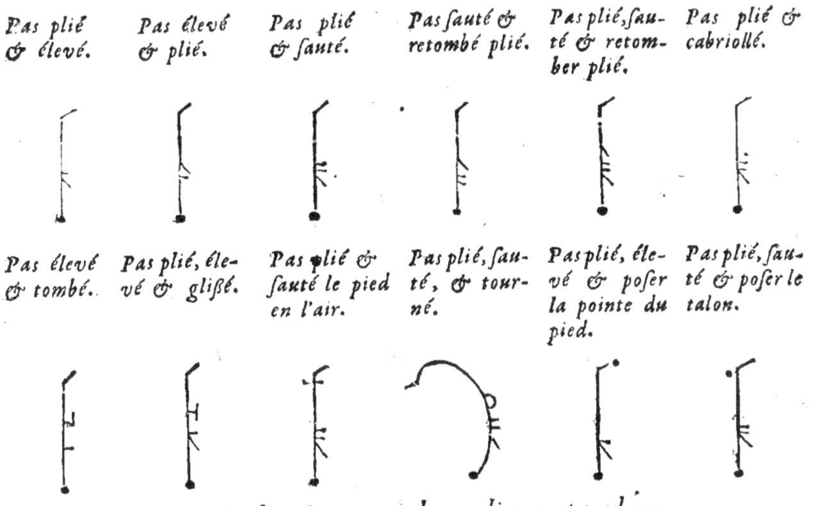



## Pour poser les Signes en leurs lieux & places.

Il faut auparavant reconnoître le Pas en ses trois parties, sçavoir son commencement, son milieu & sa fin.

Il faut aussi reconnoître le pied tant au Pas qu'aux Positions, en ses deux côtez, sçavoir, le côté de dehors & le côté de dedans.

Le commencement du Pas sera le commencement de la ligne joignant la petite tête noire, comme au point A, son milieu sera le milieu de la ligne, comme au point B, & sa fin sera l'extremité de la ligne joignant ce qui represente le pied, comme au point C.

J'appelle le dehors du pied, depuis le talon jusqu'à l'extremité du petit doigt, comme marque D, E, & le dedans, depuis le talon jusqu'à l'extremité du pouce, comme marque F, G.

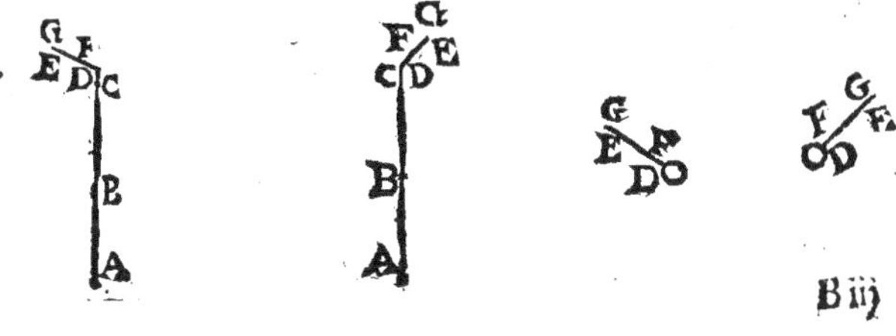

On pratique trois manieres de plier dans le pas, fçavoir, plier avant de marcher, plier en marchant, & plier aprés avoir marché.

Quand il y a un figne plié au commencement d'un pas, il fignifie qu'il faut plier avant de marcher.

*Plié avant* ⌐ *de marcher.*

Lorfqu'il y a un figne plié au milieu d'un pas c'eft marque qu'il ne faut plier qu'aprés avoir marché la moitié du pas.

*Plié en* ⌐*marchant.*

Quand il y a un figne plié à la fin d'un pas, il fignifie qu'il ne faut plier qu'aprés avoir marché tout le pas entier.

*Plié aprés* ⌐*avoir marché.*

Il en eft la même chofe des fignes élevez.

*Elevé* ⌐*avant*
*de* *marcher.*

*Elevé* ⌐ *en mar-*
*chant.*

*Elevé* ⌐ *aprés*
*avoir* *marché.*

*Plié &* ⌐*élevé*
*avant* *de mar-*
*cher.*

*Plié &* ⌐*élevé en*
*mar* *chant.*

*Plié &* ⌐*élevé*
*aprés* *avoir*
*mar* *ché.*

*Plié avant* ⌐ *de*
*marcher &* *élevé*
*en mar* *chât.*

*Plié avant* ⌐*de*
*marcher &* *élevé*
*aprés avoir* *mar-*
*ché.*

*Plié en* ⌐*marchant*
*& éle* *vé aprés*
*avoir* *marché.*

## Remarque sur les Sauts.

Les Sauts se peuvent faire de deux manieres, sçavoir, sauté les deux pieds à la fois, & sauté en marchant un pied seulement.

Les Sauts qui se font les deux pieds à la fois, seront marquez sur les Positions comme il sera démontré cy-aprés, au lieu que les sauts qui se font en marchant se marquent sur les pas, comme il a déja été démontré & comme on le verra encore par ce qui suit.

## Du Pas sauté.

Le Pas sauté se fait de deux manieres, sçavoir, sauté & retombé sur la même jambe qui marche, & sauté & retombé sur l'autre jambe que celle qui marche.

Quand il y a un signe sauté sur un pas & qu'il n'y a point de signe en l'air aprés, c'est marque que le saut se fait sur la même jambe qui marche.

*Sauté & retombé sur la jambe qui marche.*

Mais quand il y a un signe sauté sur un pas, & ensuite un signe en l'air, c'est marque que le saut se fait sur l'autre jambe que celle qui marche.

*Sauté & retombé sur l'autre jambe que celle qui marche.*

Le signe tombé n'a point de place affectée, on remarquera seulement que si on vouloit élever auparavant de tomber qu'il faudroit que le signe élevé fût le plus proche du commencement du pas.

*Elevé & ensuite tombé.*

Le signe glissé n'a point de place affectée, non plus que le signe tombé, lorsqu'il est seul sur un pas, mais quand il est accompagné d'autres signes, comme de signes pliez, élevez, sautez, &c. il doit être placé le dérnier.

*Plié, élevé & ensuite glissé.*

Si aprés un signe glissé, il y avoit un signe en l'air, il ne faudroit glisser que jusqu'à l'endroit où est le signe en l'air.

*Glissé & ensuite le pied en l'air.*

Le signe en l'air se peut placer au milieu & à la fin.

Quand il est au milieu ce n'est avoir le pied en l'air que pour le poser ensuite.

*Le pied en l'air & le poser ensuite.*

Mais quand il est à la fin c'est une marque que le pied doit rester en l'air.

*Rester le pied en l'air.*

Pour

Pour poſer la pointe du pied & enſuite le talon, il faut qu'il y ait un point au côté de dehors, de ce qui repreſente la pointe, & un autre au côté de dedans de ce qui repreſente le talon.

*Poſer la pointe & enſuite le talon.*

Pour poſer le talon & enſuite la pointe, il faut qu'il y ait un point au côté de dehors de ce qui repreſente le talon, & un autre point, au côté de dedans de ce qui repreſente la pointe.

*Poſer le talon & enſuite la pointe.*

On remarquera pour plus de facilité, dans les deux exemples precedens, que le point qui ſe trouve en dehors de ce qui repreſente la pointe du pied ou le talon, eſt celuy par lequel il faut toujours commencer.

Quand il y a un point au bout de ce qui repreſente la pointe du pied, & un derriere ce qui repreſente le talon, c'eſt marque qu'il faut poſer tout le plat du pied.

*Poſer la pointe & le talon tout enſemble.*

Les ſignes tournez n'ont point de place affectée, non plus que les ſignes tombez & gliſſez, mais il faut remarquer de quel côté il tourne, ſi c'eſt à droit ou ſi c'eſt à gauche, & pour cela il faut reconnoître le ſigne en ſon commencement.

C

Les commencémens des signes tournez est le bout joignant le pas par l'endroit le plus proche de son commencement.

Aprés avoir ainsi connu le commencement de chaque signe tourné, on observera exactement de quel côté il tourne, s'il tourne à droit ou s'il tourne à gauche, comme on peut voir par les exemples qui suivent.

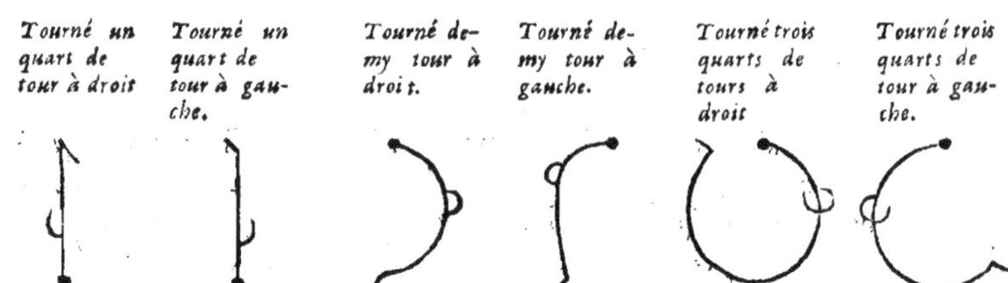



Le commencement du signe tourné un tour entier est plus difficile à connoître, parce qu'un cercle n'a ny commencement ny fin ; mais on le connoîtra par un point qui sera à côté du pas, & par ce moyen le commencement en étant ainsi connu, on se servira des mêmes regles qu'à ceux cy-dessus.

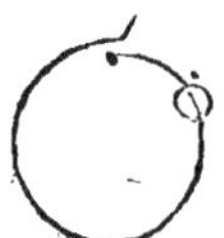

Quand on ne voudra tourner qu'un demy quart de tour, on ne marquera qu'un demy quart de cercle à côté du pas, sans y être joint.

*EXEMPLES.*

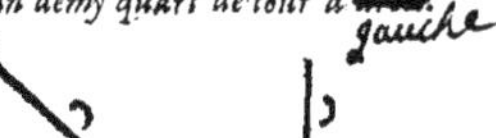

On a expliqué cy-devant que tous pas & demies positions qui n'ont qu'un point à chacune de leurs extremitez, signifie déposer la partie où est le point sans que le corps y soit porté ; mais j'avertis que quand il y en aura deux, ce sera une marque que le corps doit y être porté.

*EXEMPLES.*

Aprés avoir expliqué tous les signes cy-devant, il me reste encore à faire connoître aux pliez, élevez, sautez & glissez, quand c'est sur la pointe du pied, sur le talon, ou sur le plat du pied ; J'aurois pû me dispenser de les marquer, parce que les personnes, qui sçavent tant soit peu dancer, sçauront en cette occasion ce qui sera plus convenable, mais comme il pourroit y avoir des personnes qui trouveroient à redire, j'en fais explication, comme on peut voir par les exemples suivans.

Quand il y a un point au bout d'un signe plié, il signifie qu'il faut plier la pointe du pied à terre.

*Plier la pointe* ( *du pied à terre.*

Lorsqu'il y a un point derriere un signe plié, c'est marque qu'il faut plier le talon à terre.

*Plier le talon* ( *à terre.*

Quand il y a un point au bout d'un signe plié & un autre derriere, c'est marque qu'il faut plier tout le plat du pied à terre.

*Plier sur le* ( *plat du pied.*

Lorsqu'il y a un point au bout d'un signe élevé, il signifie qu'il faut élever sur la pointe du pied.

*Elevé sur la* (. *pointe du pied.*

Quand il y a un point derriere un signe élevé, il signifie qu'il faut éle-ver sur le talon.

*Elevé sur* .( *le talon.*

Lorfqu'il y a un point au bout d'un figne élevé & un autre derriere, c'eft marque qu'il faut élever fur le plat du pied.

*Elevé fur le ·ƒ· plat du pied.*

Quand il y a un point au bout d'un figne fauté, il fignifie qu'il faut fauter fur la pointe du pied.

*Sauter fur la   pointe du pied.*

Quand il y a un point derriere un figne fauté, il fignifie qu'il faut fauter fur le talon.

*Sauter fur   le talon.*

Lorfqu'il y à un point au bout d'un figne fauté & un autre derriere, c'eft marque qu'il faut fauter fur le plat du pied.

*Sauter fur le  ·ƒ· plat du pied.*

Quand il y a un point au bout d'un figne gliffé du côté de la fin du pas, il fignifie qu'il faut gliffer la pointe du pied.

*Gliffer la pointe   du pied.*

Lotfqu'il y a un point au bout du figne gliffé du côté du commencement du pas, il fignifie qu'il faut gliffer le talon.

*Gliffer le   talon.*

Quand il y a un point à chaque   bout du figne gliffé, c'eft marque qu'il faut gliffer le plat du pied.

*Comme les Positions peuvent avoir aussi les mêmes signes que les Pas.*

Tous les signes qui ont été démontrez cy-devant, peuvent être aussi sur les Positions & demy Positions, aussi bien que sur les Pas, à la reserve du signe glissé.

S'il y avoit, par exemple, un signe plié sur une demy Position, il signifieroit qu'il ne faudroit plier qu'un genou seulement qui seroit le genou du même pied, & s'il y avoit des signes plié sur une Position entiere, ce seroit une marque qu'il faudroit plier les deux genoux à la fois, & ainsi des signes élevez, sautez, &c. & on les peut placer indifferemment en ce qu'ils n'ont point de place affectée, comme ils en ont au Pas, à la reserve des points, qui doivent être placez de la même maniere qu'au Pas.

| | | | | | |
|---|---|---|---|---|---|
| *Plié sur un pied.* | *Plié sur les deux pieds.* | *Elevé sur un pied.* | *Elevé sur les deux pieds.* | *Sauté sur un pied.* | *Sauté sur les deux pieds.* |
| *Cabriollé sur un pied.* | *Cabriollé sur les deux pieds.* | *Avoir un pied en l'air.* | *Lever le pied & le poser ensuite* | *Poser la pointe du pied.* | *Estre sur les deux pointes.* |
| *Poser le talon.* | *Estre sur les deux talons* | *Poser la pointe & ensuite le talon.* | *Estre sur les deux pointes & ensuite sur les deux talons.* | *Poser le talon & ensuite la pointe.* | *Estre sur les 2. talons & ensuite sur les deux pointes.* |
| *Estre sur le plat du pied* | *Estre sur le plat des deux pieds.* | *Tourner sur un pied à droit.* | *Tourner sur les deux pieds à droit* | *Tourner sur un pied à gauche.* | *Tourner sur les deux pieds à gauche.* |

*Comme les Positions & demy Positions peuvent avoir plusieurs signes à la fois.*

LEs Positions & les demy Positions peuvent avoir aussi plusieurs signes à la fois aussi bien que les Pas, & on remarquera quand aux signes plié, élevé, sauté & cabriollé que celuy qui est le plus proche de l'o est celuy qui doit être le premier fait, & quand il y aura un signe en l'air, il est plus à propos qu'il soit le dernier de tous.

*Plié & élevé sur un pied.*

*Plié & élevé sur les deux pieds.*

*Elevé & ensuite plier sur un pied.*

*Elevé & ensuite plier sur les deux pieds.*

*Plié & sauté sur un pied.*

*Plié & sauté sur les deux pieds.*

*Sauter & retomber, plier sur un pied.*

*Sauter & retomber, plier sur les deux pieds.*

*Plié, sauté & retombé, plié sur un pied.*

*Plié, sauté & retombé, plié sur les deux pieds.*

*Plié & cabriolé sur un pied.*

*Plié, cabriollé & retombé un pied en l'air.*

*Plié, sauté en tournant demy tour à gauche sur un pied.*

*Plié, sauté en tournant demy tour à gauche sur les deux pieds.*

*Plié, cabriollé en tournant trois quarts de tour à droit sur un pied.*

*Plié, cabriollé en tournant un tour à droit sur les deux pieds.*

*Tourné sur les deux pointes des pieds un demy tour à gauche.*

*Tourné sur les deux talons un demy tour à gauche.*

*Plié, élevé & tourné sur les deux pointes des pieds un demy tour à droit.*

*Plié, élevé & tourné sur les deux talons un demy tour à droit.*

Tous les ſignes pliez & élevez, qui ont été démontrez ſur les Pas, doivent s'entendre pour les deux genoux à la fois, mais quand il arrivera en marchant ; qu'il ne faudra plier, ou élever que d'un genou ſeulement, on ſe ſervira des regles ſuivantes.

Il s'agit en cette occaſion de faire voir tandis qu'une jambe marche, ce que l'autre peut faire, & pour cet effet je me ſerviray d'une demy Poſition, & d'un Pas, qui ſeront joints enſemble par une petite liaiſon dont un bout ſera attaché â ce qui repreſente le talon de la demy Poſition, & l'autre bout ſera attaché à la tête du Pas, cette liaiſon ſignifiera que la demy Poſition & le Pas, doivent agir tous deux en même temps.

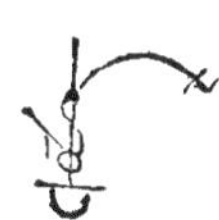
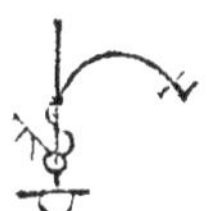

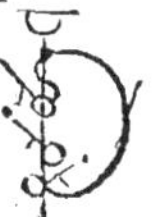

Deux Pas liez par leur tête marquent qu'ils doivent auſſi agir tous deux à la fois, ce qui ne ſe peut faire qu'en ſautant, ou par un mouvement que l'on ne peut appeller proprement ny plié ny ſauté, mais ce que l'on appelle communement échappé ou ſaillie.

Ces ſortes de Pas échappez ſe peuvent pratiquer de deux manieres, ſçavoir les genoux roides, ou en tombant les genoux pliez.

Ceux qui ſe feront les genoux roides, n'auront pour tout ſigne, que le ſigne gliſſé, & ceux qui ſe feront en tombant les genoux pliez auront pour ſigne le ſigne gliſſé & le ſigne tombé.

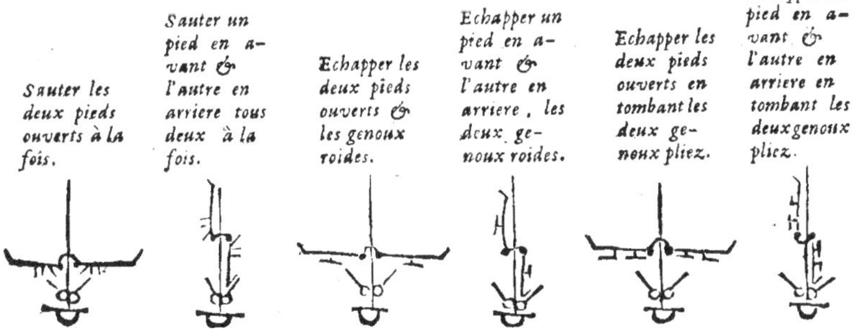

## Des Pofitions & demy Pofitions tortillées.

Pofition & demy Pofition tortillée, eft quand le pied fe tourne en dedans ou en dehors, foit fur la pointe, foit fur le talon ou en l'air, ce qui fe connoîtra par un efpece de croiffant fortant de l'endroit qui reprefente le talon, ou de l'endroit quî reprefente la pointe du pied, qui démontre le tournant que le talon ou la pointe doit faire en tortillant. Si c'eft pour tortiller fur la pointe, le croiffant doit être à l'endroit qui reprefente le talon, allant vers la pointe, du côté que l'on doit tortiller, & au contraire fi c'eft fur le talon ou en l'air que l'on veut tortiller, le croiffant fera à l'endroit qui reprefente la pointe allant vers le talon.

### EXEMPLES.

| Tortillé fur la pointe d'un pied le talon s'ouvrant en dehors. | Tortillé fur les deux pointes, les deux talons s'ouvrant en dehors. | Tortillé fur vn talon la pointe fe fermant en dedans. | Tortillé fur les deux talons les deux po.ntes fe fermant en dedans. | Tortillé en l'air la pointe fe fermant en dedans. |
| --- | --- | --- | --- | --- |

## Des Pofitions & demy Pofitions qui font tortillées & détortillées.

Les Pofitions & demy Pofitions tortillées & détortillées, font quand le talon ou la pointe du pied revient dans l'endroit d'où il étoit party, & fe connoîtra lorfque le croiffant fera redoublé en revenant vers l'endroit d'où il étoit forty.

### EXEMPLES.

| Tortillé & détortillé le talon s'ouvrant en dehors & le refermant en dedans. | Tortillé & détortillé les deux talons s'ouvrant en dehors & fe refermant en dedans. | Tortillé & détortillé la pointe fe fermant en dedans & fe r'ouvrant enfuite en dehors. | Tortillé & détortillé les deux pointes fe fermant & r'ouvrant enfuite en dehors | Tortillé & détortillé en l'air, la pointe fe fermant en dedans & fe r'ouvrant enfuite en dehors. |
| --- | --- | --- | --- | --- |

Comme

*Comme aux Positions tortillées les pieds se tournent tous deux d'un mesme côté.*

Les Positions tortillées, dont les pointes ou les talons vont tous deux d'un même côté, se connoîtront par les croissans lorsqu'ils iront tous deux du même côté.

## EXEMPLES.

Tortiller sur les deux pointes des pieds les deux talons allant à droit.

Tortiller sur les deux pointes des pieds les deux talons allant à gauche.

Tortiller sur les deux talons les deux pointes allant à gauche.

Tortiller sur les deux talons les deux pointes allant à droit.

*Comme aux Positions tortillées & détortillées, les pieds se tournent & détournent tous deux d'un mesme côté.*

## EXEMPLES.

Tourner sur les deux pointes les deux talons allant à droit & retournant à gauche.

Tourner sur les deux pointes les deux talons allant à gauche & retournant à droit

Tourner sur les deux talons les deux pointes allant à gauche & revenant à droit.

Tourner sur les deux talons les deux pointes allant à droit & retournant à gauche.

### De la mutation des Positions.

LA mutation des Positions eſt le mélange ou le changement des unes aux autres, tant des bonnes que des fauſſes, comme de la premiere à la ſeconde, de la ſeconde à la troiſiéme, de la troiſiéme à la quatriéme, &c.

La mutation des Positions ſe fait de deux manieres, ſçavoir, en ſautant & en tortillant.

La mutation des Positions qui ſe fait en ſautant eſt, quand on ſaute d'une Poſition pour retomber dans une autre, & la mutation des Poſitions tortillées ſe fait terre à terre, en tortillant les deux pieds, ou ſeparément, tant ſur les pointes que ſur les talons.

La mutation des Positions qui ſe fait en ſautant, ſe connoîtra de la maniere qui ſuit; ſçavoir, par deux Poſitions, dont l'une a des ſignes ſautez & l'autre n'en a point.

La Poſition qui a des ſignes ſautez, démontre le ſaut qui doit être fait & la Poſition d'où l'on part, & celle qui n'a point de ſignes ſautez, démontre la Poſition dans laquelle on doit retomber, comme on voit dans les Tables ſuivantes.

# Table de la mutation
## des bonnes positions.

| de la premiè. à la 2.me | de la 1.re a la 3.me | de la 1.er a la 4.me | de la Prem.à la 5.e |
|---|---|---|---|
| de la 2.e à la 1.er | de la 2.e à la 3.me | de la 2.e à la 4.e | de la 2.e a la 5.me |
| de la 3.e à la 1.er | de la 3.e à la 2.me | de la 3.e à la 4.me | de la 3.e à la 5.me |
| de la 4.e à la 1.er | de la 4.e à la 2.e | de la 4.e à la 3.e | de la 4.e à la 5.me |
| de la 5.e à la 1.er | de la 5.e à la 2.me | de la 5.e à la 3.me | de la 5.e à la 4.me |
| | de la 3.e à la 3.e | de la 4.e à la 4.me | de la 5.e à la 5.me |

# l'Art de d'Écrire
## Table de la mutation,
### des fausses positions.

| | | | |
|---|---|---|---|
| de la preml. a la 2.me | de la 1.er a la 2.me | de la 1.er a la 4.me | de la 1.er a la 5.me |
| de la 2.e a la 1.er | de la 2.e a la 3.me | de la 2.e a la 4.me | de la 2.e a la 5.me |
| de la 3.e a la 1.er | de la 3.e a la 2.me | de la 3.e a la 4.e | de la 3.e a la 5.me |
| de la 4.e a la 1.er | de la 4.e a la 2.me | de la 4.e a la 3.e | de la 4.e a la 5.e |
| de la 5.e a la 1.er | de la 5.e a la 2.e | de la 5.e a la 3.e | de la 5.e a la 4.e |
| | de la 3.e a la 3.e | de la 4.e a la 4.e | de la 5.e a la 5.e |

# Table de la mutation des bonnes positions avec les fausses.

| | | | |
|---|---|---|---|
| de la prem.ᵉ bonne à la 2.ᵐᵉ fausses. | de la 1.ᵉʳ bonne à la 3.ᵉ fausse. | de la 1.ᵉʳ bonne à la 4.ᵉ fausse. | de la 1.ᵉʳ bonne à la 5.ᵉ fausse. |
| de la 2.ᵉ bonne à la 1.ᵉʳ fausse. | de la 2.ᵉ bonne à la 3.ᵉ fausse. | de la 2.ᵉ bonne à la 4.ᵉ fausse. | de la 2.ᵉ bonne à la 5.ᵉ fausse. |
| de la 3.ᵉ bonne à la 1.ᵉʳ fausse. | de la 3.ᵉ bonne à la 2.ᵉ fausse. | de la 3.ᵉ bonne à la 4.ᵉ fausse. | de la 3.ᵉ bonne à la 5.ᵉ fausse. |
| de la 4.ᵉ bonne à la 1.ᵉʳ fausse. | de la 4.ᵉ bonne à la 2.ᵉ fausse. | de la 4.ᵉ bonne à la 3.ᵉ fausse. | de la 4.ᵉ bonne à la 5.ᵉ fausse. |
| de la 5.ᵉ bonne à la 1.ᵉʳ fausse. | de la 5.ᵉ bonne à la 2.ᵉ fausse. | de la 5.ᵉ bonne à la 3.ᵉ fausse. | de la 5.ᵉ bonne à la 4.ᵉ fausse. |
| de la 1.ᵉʳ bonne à la 1.ᵉʳ fausse. | de la 2.ᵉ bonne à la 2.ᵉ fausse. | de la 3.ᵉ bonne à la 3.ᵉ fausse. | de la 4.ᵉ bonne à la 4.ᵉ fausse. / de la 5.ᵉ bonne à la 5.ᵉ fausse. |

# Table de la mutation des fausses positions. auec les bonnes.

| | | | |
|---|---|---|---|
| de la premiere fausse à la 2.me bonne. | de la 1.er fausse à la 3.e bonne. | de la 1.er fausse à la 4.e bonne. | de la 1.er fausse à la 5.e bonne. |
| de la 2.e fausse à la 1.er bonne. | de la 2.e fausse à la 3.e bonne. | de la 2.e fausse à la 4.e bonne. | de la 2.e fausse à la 5.e bonne. |
| de la 3.e fausse à la 1.er bonne. | de la 3.e fausse à la 2.e bonne. | de la 3.e fausse à la 4.e bonne. | de la 3.e fausse à la 5.e bonne. |
| de la 4.e fausse à la 1.er bonne. | de la 4.e fausse à la 2.e bonne. | de la 4.e fausse à la 3.e bonne. | de la 4.e fausse à la 5.e bonne. |
| de la 5.e fausse à la 1.er bonne. | de la 5.e fausse à la 2.e bonne. | de la 5.e fausse à la 3.e bonne. | de la 5.e fausse à la 4.e bonne. |
| de la 1.er fausse à la 1.er bonne. | de la 2.e fausse à la 2.e bonne. | de la 3.e fausse à la 3. bonne. | de la 4.e fausse à la 4.e bonne. / de la 5.e fausse à la 5.e bonne. |

## Des Positions qui changent d'une place en une autre.

LES Positions peuvent aussi changer en sautant d'une place en une autre, comme lorsque l'on saute en avant, en arriere, ou à côté, ce qui se connoîtra par deux lignes de communication, allant de la position où sont les signes Sauté à celle où il n'y en a point ; lesquelles lignes démontreront la grandeur & de quel côté le saut doit retomber.

EXEMPLES.

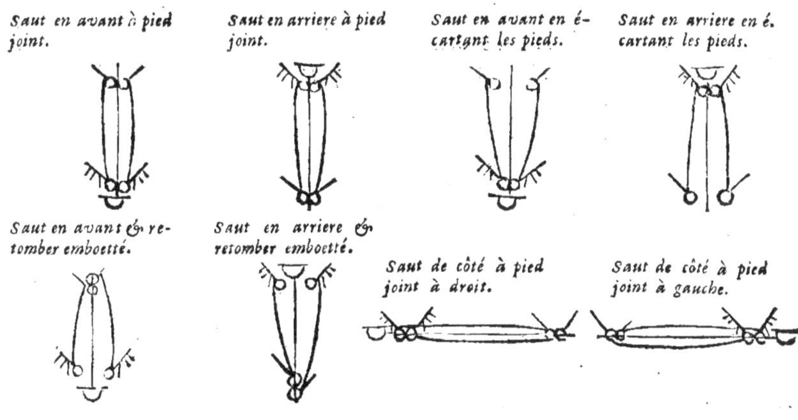

Saut en avant à pied joint.　　Saut en arriere à pied joint.　　Saut en avant en écartant les pieds.　　Saut en arriere en écartant les pieds.

Saut en avant & retomber emboetté.　　Saut en arriere & retomber emboetté.　　Saut de côté à pied joint à droit.　　Saut de côté à pied joint à gauche.

Saut de côté croisé à droit.　　Saut de côté croisé à gauche.　　Saut de côté croisé à droit dont le pied qui est devant retombe derriere.　　Saut de côté croisé à gauche dont le pied qui étoit devant retombe derriere.

Les positions peuvent encore se mouvoir en sautant, par le moyen de deux pas liez ensemble par leur tête pour marque qu'ils agissent tous deux en même temps, ainsi qu'il a été enseigné à la page 23.

EXEMPLES.

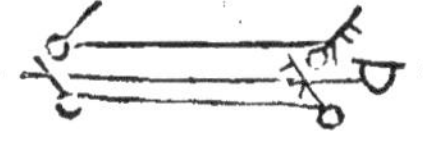
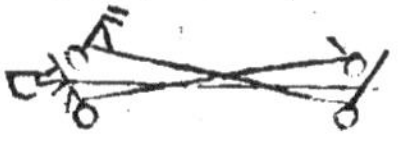

Saut en avant à pied joint.　　Saut en arriere à pied joint.　　Saut de la premiere position à la deuxiéme.　　Saut de la deuxiéme position à la premiere.

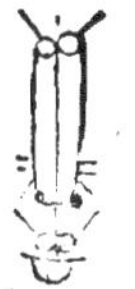

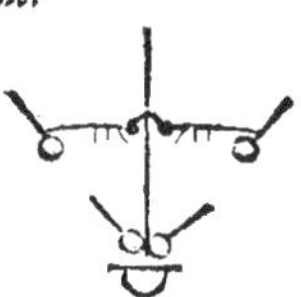
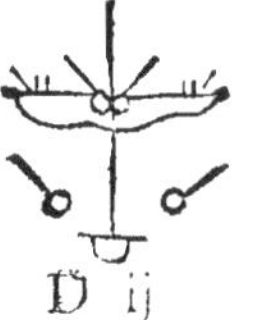

D ij

### De la mutation des Positions tortillées.

LA mutation des Positions tortillées se connoîtra de la même maniere que celles qui se meuvent en sautant, à la reserve qu'au lieu des signes sautez se font des signes tortillez.

J'ay déja dit à la page 26. qu'on pouvoit changer d'une Position en une autre, en tortillant les deux pieds à la fois ou separément.

Celles qui se font en tortillant les deux pieds à la fois se connoîtra par une position tortillée, & celles qui se font en ne tortillant qu'un pied seulement se connoîtra par une demy Position tortillée.

## EXEMPLES,

| | | | |
|---|---|---|---|
| de la prem.º bonne à la 2.º fausse. | de la 2.º fausse à la 1.er bonne | de la 1.er fausse à la 2.º bonne | de la 2.º bonne a la p.r fausse. |
| de la 3.º bonne à la 2.º fausse. | de la 2.º fausse a la 3.º bonne. | de la 3.º bonne a la 3.º fausse. | de la 3.º fausse a la 2.º bonne. |
| de li 2.º bonne à la 3.º fausse | de la 3.º fausse à la 3.º bonne | de la 3.º fausse a la 3.º fausse | de la 3.º fausse à la 3.º fausse. |
| de la 5.º bonne a la 4.º fausse | de la 4.º fausse à la 3.º bonne. | de la 1.er bonne à la 1.er fausse. | de la 1.er fausse à la 1.er bonne. |

## De la maniere que l'on doit tenir le Livre pour déchiffrer les Dances qui font écrites.

IL faut fçavoir que chaque fueillet fur lequel la Dance eft écrite reprefente la Salle où on dance, dont les quatre côtez du fueillet en reprefentent les quatre côtez, fçavoir le haut du fueillet reprefente le haut de la Salle, le bas du fueillet reprefente le bas de la Salle, le côté droit du fueillet reprefente le côté droit de la Salle, & le côté gauche du fueillet reprefente le côté gauche de la Salle, comme on voit par la figure fuivante, dont A B C D marque la Salle, & E F G H marque le fueillet ; fçavoir, E F marque le haut du fueillet, comme A B marque le haut de la Salle, G H marque le bas du fueillet comme C D marque le bas de la Salle, F H marque le côté droit du fueillet comme B D marque le côté droit de la Salle, & E G marque le côté gauche du fueillet comme A C marque le côté gauche de la Salle.

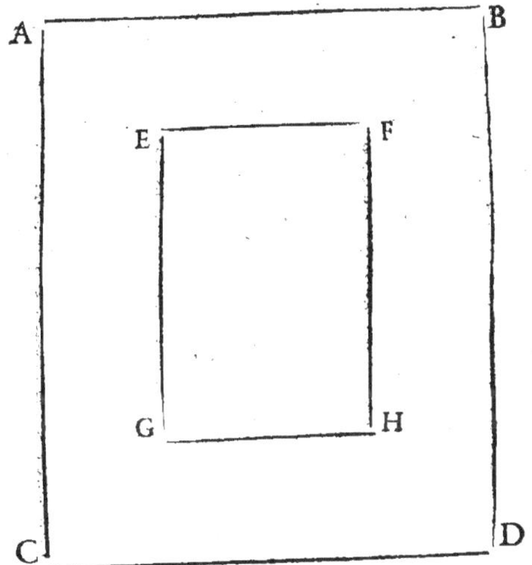


On doit remarquer qu'il faut tenir toujours le haut du Livre juftement droit vis-à-vis le haut de la Salle, & prendre foigneufement garde à mefure que l'on dance foit en tournant ou fans tourner qu'il ne remuë point de fa fcituation, tel qu'il eft démontré par la figure cy-deffus.

Tous les Pas qui fe font fans tourner ou qui tournent un tour entier on tiendra le Livre avec les deux mains par les deux côtez, mais quand il faudra tourner un quart de tour, un demy tour, ou trois quarts de tour, il fera neceffaire de prendre plus de précaution, attendu qu'il eft difficile de tourner fans que le Livre tourne auffi, ce qu'il faut abfolument éviter, car fi le Livre fort de fa fcituation, il fera impoffible de connoître les pas qui feront écrits; c'eft à quoy j'ay tâché de remedier, en donnant les Regles fuivantes.

Aprés avoir remarqué le tournant & de quel côté il tourne, comme par exemple, un quart de tour à droit, on portera la main gauche au Livre à la partie la plus oppofite de foy, & la droite à la partie la plus proche: les mains étant ainfi préparées on tournera le quart de tour, en rapprochant la main gauche de foy, tandis que la droite s'en éloignera, en forte qu'elles fe trouvent toutes deux devant foy également avancées tenant toujours le Livre par les mêmes endroits, & on trouvera qu'on aura tourné ledit quart de tour, fans que le Livre ait changé fa fcituation.

On fe fervira de la même Regle pour le demy tour, j'ajoute feulement que la main mife à la partie du Livre la plus oppofite de foy doit s'en approcher tout à fait, tandis que l'autre s'en éloignera.

Pour tourner trois quarts de tour à droit, il faut croifer les mains plus qu'on n'a fait au demy tour, en forte que la main gauche tienne le haut du côté que naturellement devroit tenir la droite fi on ne tournoit point, & que la droite tienne le bas du côté que devroit tenir la gauche; les mains étant ainfi préparées on tournera les trois quarts de tour, ainfi qu'on a fait le demy tour.

On se servira des mêmes Regles pour tourner à gauche, observant qu'au lieu de porter la main gauche à la partie du Livre la plus opposée de soy, comme on a fait, on y portera la droite, & on remarquera pour regle generale, que pour tourner à droit, on éloigne auparavant la main gauche, & pour tourner à gauche on éloigne la main droite.

*De la maniere qu'on doit se prendre pour marcher par l'écriture.*

P Remierement il faut chercher le commencement du chemin, afin de connoître devant quelle partie de la Salle le corps doit être avant de dancer, comme il a été enseigné à la page 3. en parlant de la Presence du Corps ; ensuite voir s'il y a une Position comme il se trouve dans les Exemples suivans, & s'y placer, puis voir quel pas se trouve le plus proche de ladite Position, & on trouvera que c'est celuy où il y a numero 1. & l'ayant marché, voir encore lequel est le plus proche de celuy que l'on a marché ; & on trouvera que c'est celuy où il y a numero 2. ensuite marcher, numero 3. ensuite numero 4. &c. & continuer ainsi, observant exactement de prendre le Pas qui se trouvera le plus proche de l'endroit où on est, & suivre toujours la même Regle, tant en avant, en arriere, à côté, qu'en rond.

## EXEMPLES.

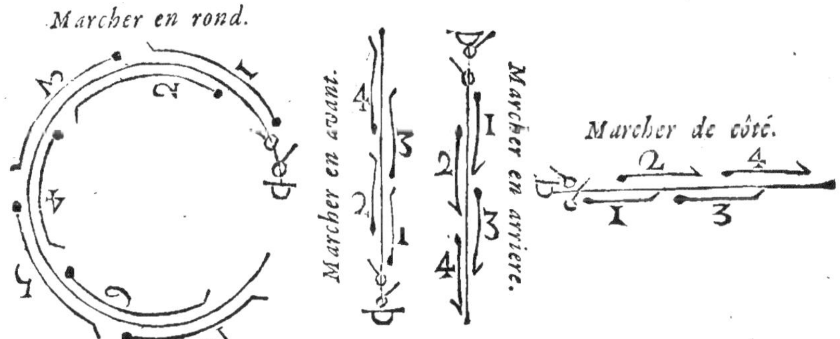

*Pour connoître les Pas & les demy Positions qui seront du pied droit*
*d'avec ceux du pied gauche.*

Toute ligne ou chemin sur lequel on marche, tant en avant qu'en arriere, doit être consideré en ces deux côtez, sçavoir le côté droit marqué D, & le côté gauche marqué G.

Les Pas & les demy Positions qui se trouveront du côté droit seront du pied droit, & ceux qui se trouveront du côté gauche seront du pied gauche, comme on verra dans les Marches suivantes, où je donne encore à chaque Pas & demy Position, les mêmes lettres d & g, afin de les mieux reconnoître.

Outre les lettres d & g on peut encore reconnoître les Pas & les demy Positions du pied droit d'avec ceux du pied gauche, en remarquant de quel côté les pointes des pieds sont tournées.

Le pied qui sera tourné en dehors vers le côté droit sera le pied droit, & celuy qui sera tourné en dehors vers le côté gauche, sera le pied gauche.

Tous les differens Chemins sur lesquels on peut marcher, tant en avant qu'en arriere se connoîtront par ce qui suit, sçavoir

Le Chemin marqué A sera pour aller en avant vis-à-vis le haut de la Salle.

Le Chemin B sera pour reculer vis-à-vis le bas de la Salle.

Le Chemin C sera pour aller en avant vis-à-vis le bas de la Salle.

Le Chemin E sera pour reculer vis-à-vis le haut de la Salle.

Le Chemin F sera pour aller en avant vis-à-vis le côté droit de la Salle.

Le Chemin H sera pour reculer vis-à-vis le côté gauche de la Salle.

Le Chemin I sera pour aller en avant vis-à-vis le côté gauche de la Salle.

Le Chemin K sera pour reculer vis-à-vis le côté droit de la Salle.

Les Chemins L seront pour aller en avant en rond, & les Chemins M seront pour reculer en rond.

*Exemples*

Exemples des differentes marches que l'on peut faire, tant en avant qu'en arriere.

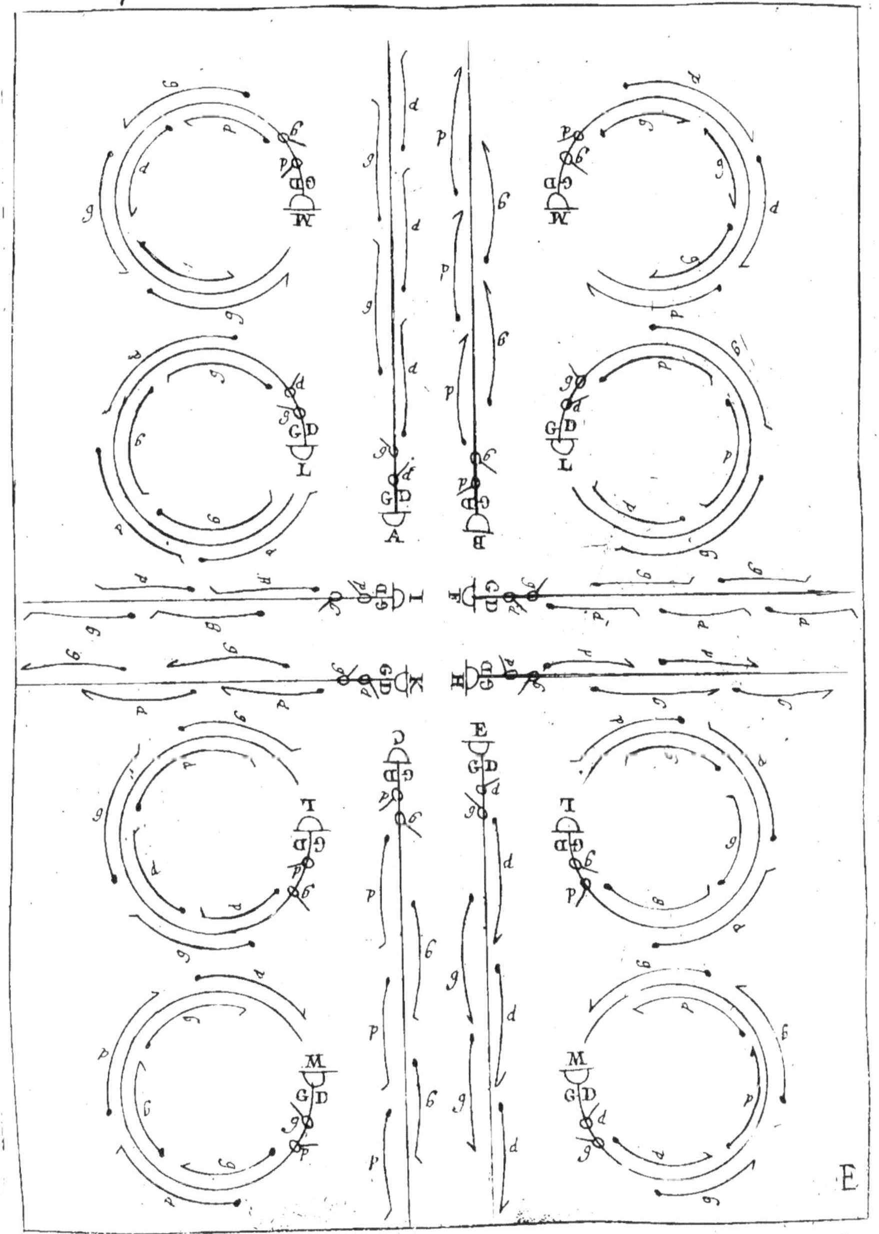

*Pour connoître dans les Marches de côté les Pas & les demy Positions qui feront du pied de devant, d'avec ceux du pied de derriere.*

Toute ligne ou chemin fur lequel on marche de côté doit être confideré auffi en ces deux côtez, fçavoir le côté de deffus marqué X, & le côté de deffous marqué Y.

Les Pas & les demy Pofitions, qui fe trouveront au côté de deffus, feront du pied de devant, & ceux qui fe trouveront au côté de deffous, feront du pied de derriere.

Tous les differens Chemins fur lefquels on peut marcher de côté, fe connoîtront par ce qui fuit, fçavoir

Les Chemins marquez N feront pour aller à droit en montant vers le haut de la Salle étant vis-à-vis le côté gauche.

Les Chemins O feront pour aller à gauche en defcendant vers le bas de la Salle, étant auffi vis-à-vis le côté gauche.

Les Chemins P feront pour aller à droit vers le côté droit de la Salle, étant vis-à-vis le haut.

Les Chemins Q feront pour aller à gauche vers le côté gauche de la Salle étant vis-à-vis le haut.

Les Chemins R feront pour aller en rond à droit, commençant vis-à-vis le haut de la Salle.

Les Chemins S feront pour aller en rond à gauche commençant vis-à-vis le haut de la Salle.

Les Chemins T feront pour aller en rond à gauche, commençant vis-à-vis le bas de la Salle.

Les Chemins V feront pour aller en rond à droit, commençant vis-à-vis le bas de la Salle.

## Exemples des differentes marches
### que l'on peut faire de côté.

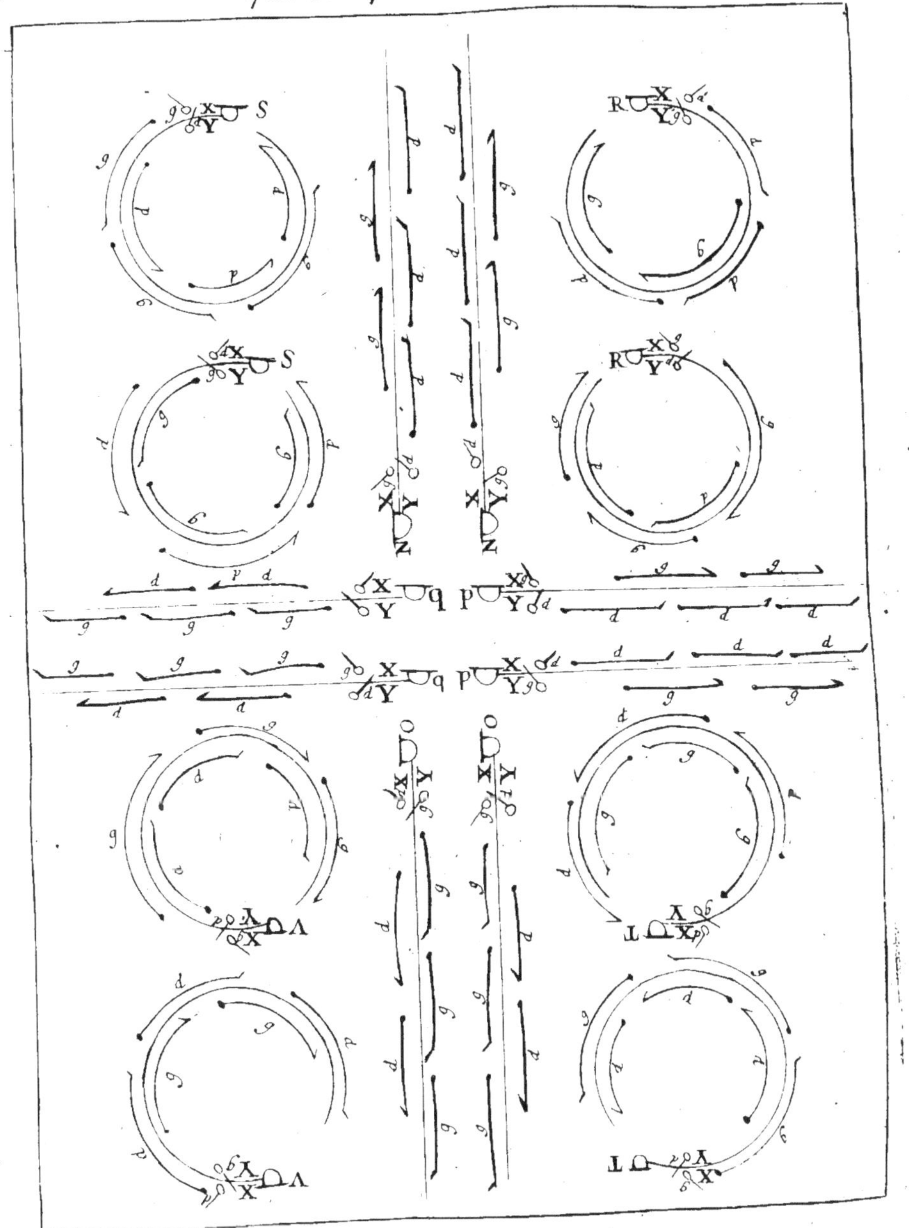

Le Contre pied des marches de côté précedentes.

### *Pour faire voir de la maniere que les Pas se croisent les uns avec les autres.*

LE Pas qui commencera du pied de derriere pour se rendre à côté de l'autre pied, doit commencer au côté de dessous de la ligne, & remonter obliquement au côté de dessus d'icelle, comme le montre le Pas suivant où il y a numero 1.

*Marcher le pied droit à côté.*                 *Marcher le pied gauche à côté.*

Le Pas que l'on veut croiser par derriere le pied qui vient de marcher doit commencer au côté de dessus de la ligne, & descendre obliquement au côté de dessous d'icelle, en croisant le Pas précedent icy rapporté, que l'on reconnoîtra encore par numero 1. & celuy qui le croise se connoîtra par numero 2.

*Marcher le pied droit à côté & croiser*        *Marcher le pied gauche à côté & croiser*
*le gauche par derriere.*                        *le droit par derriere.*

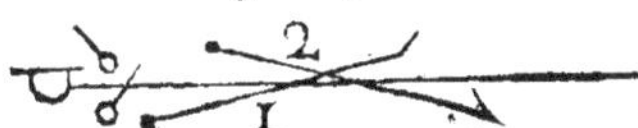 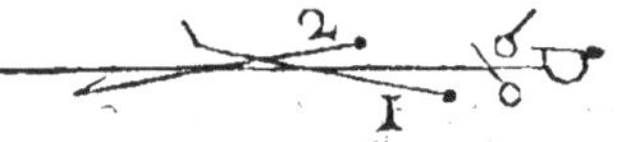

Le Pas qui commencera du pied de devant pour se rendre à côté de l'autre pied, doit commencer au côté de dessus de la ligne, & descendre obliquement au côté de dessous, comme le montre le Pas suivant, où il y a encore numero 1.

*Marcher le pied droit à côté.*                 *Marcher le pied gauche à côté.*

Le Pas que l'on veut croiser pardevant le pied qui vient d'être marché, doit commencer au côté de dessus de la ligne & remonter obliquement au côté de dessus d'icelle, en croisant le Pas precedent icy rapporté, que l'on reconnoîtra encore par numero 1 & celuy qui le croise se connoîtra par numero 2.

*Marcher le pied droit à côté & croiser*        *Marcher le pied gauche à côté & croiser*
*le gauche par devant.*                          *le droit par devant.*

*Pour revenir fur un Chemin fur lequel on auroit déja marché.*

**P**Ar exemple, fi l'on avoit marché du bas de la Salle en haut, &
qu'on voulût revenir fur le même Chemin, comme le Chemin marqué A, on tranfporteroit la ligne fur laquelle on veut revenir d'un côté
ou d'un autre felon que l'on trouvera plus commode, comme la ligne
marquée B, qui fera fuppofée être la même que la precedente.

Ces deux lignes feront jointes enfemble par une autre ligne ponctuée
marquée C, qui ne fervira que pour conduire la veuë de l'une à l'autre,
comme de la ligne A à la ligne B.

Il en fera la même chofe lorfque l'on voudra marcher plufieurs fois fur
un même cercle, comme le cercle marqué D, autour duquel feront dé-
crits autant d'autres cercles qu'il en fera neceffaire, comme par exemple
les cercles E & F qui feront fuppofez être fur le même Chemin que le
cercle D.

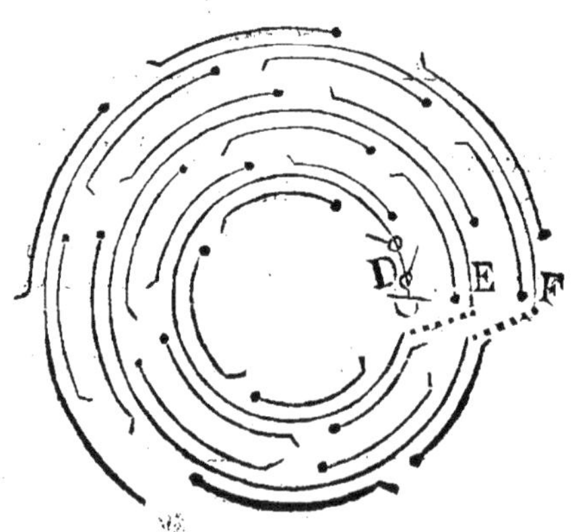

### Pour connoiſtre la Poſition de chaque Pas.

J'Aurois pû marquer la Poſition à la fin de chaque Pas en laquelle ils doivent ſe terminer, mais comme cela auroit cauſé un grand embarras, je me diſpenſeray de ne les marquer aux Pas aſſemblez & emboettez, & quand aux autres pas, tant en avant, en arriere, à côté, que croiſez, on en connoiſtra facilement la Poſition ſans qu'elle y ſoit marquée, en obſervant ce qui ſuit.

Les Pas qui marcheront en avant & en arriere ſeront pris pour être à la quatriéme Poſition.

Les Pas qui marcheront droit en s'ouvrant à côté ſeront pris pour être à la deuxiéme Poſition, & les Pas qui croiſeront, ſoit par devant ou par derriere, ſeront pris pour la cinquiéme Poſition.

### EXEMPLES.

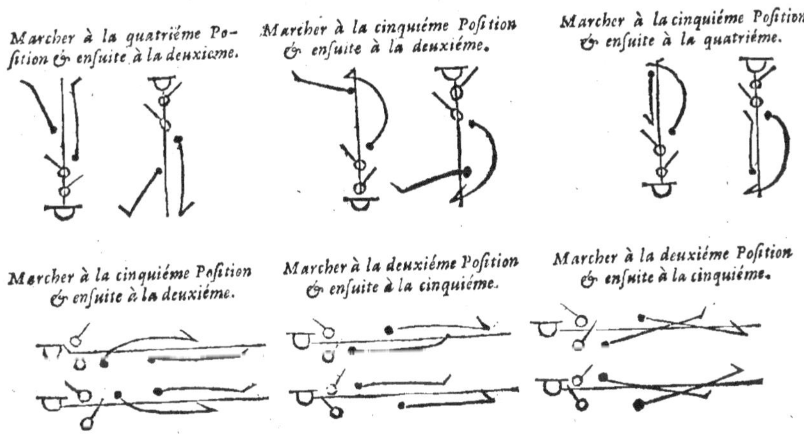


S'il arrivoit pourtant que quelqu'un des Pas cy-deſſus dût ſe terminer ſur les deux pieds, comme il arrive ſouvent en élevant & en ſautant, pour lors on ſeroit obligé d'y marquer la Poſition, ſans quoy on ne connoîtroit pas que le levé ny le ſaut ſeroit ſur les deux pieds, c'eſt pourquoy en démontrant les Poſitions aux Pas aſſemblez & emboettez, j'y joindray encore ceux cy-deſſus, auſquels je marqueray auſſi leurs Poſitions, pour s'en ſervir au beſoin.

E iij

*De la maniere que les Pas se terminent dans les Positions.*

Uand un Pas se termine dans une Position, il ne doit point avoir de pied à son extremité, parce que la demie Position à laquelle il est joint, luy en sert.

E X E M P L E S.

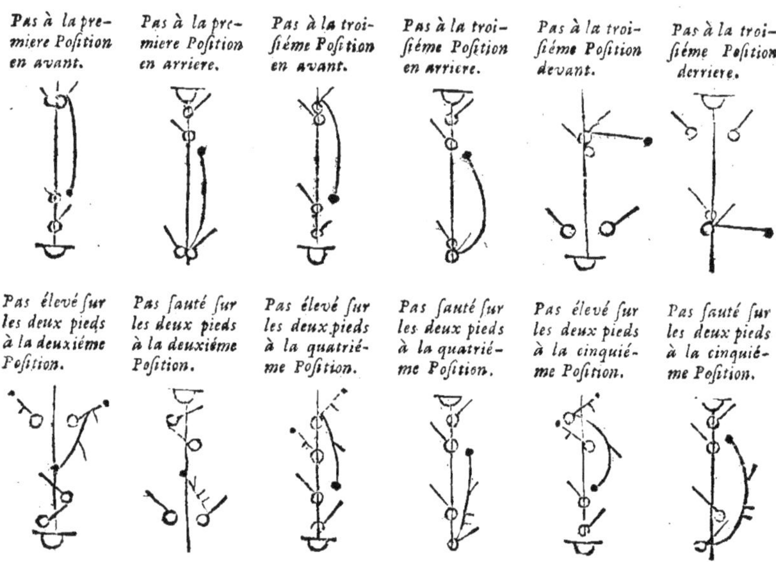



On pourra encore connoître la Position de chaque Pas en leur ajoûtant à chacun une demie Position, sçavoir, la representation du pied qui est à l'extremité du Pas, passera en cette occasion pour une demie Position, & la demie Position jointe avec, feront ensemble la Position entiere.

E X E M P L E S.

On se servira de la même Regle pour les Pas battus, sçavoir que la demy Position represente le pied contre lequel l'autre vient battre, & par là on voit quand le battement se fait tant sur le cou du pied, derriere le talon, contre la cheville, qu'à côté.

## E X E M P L E S.

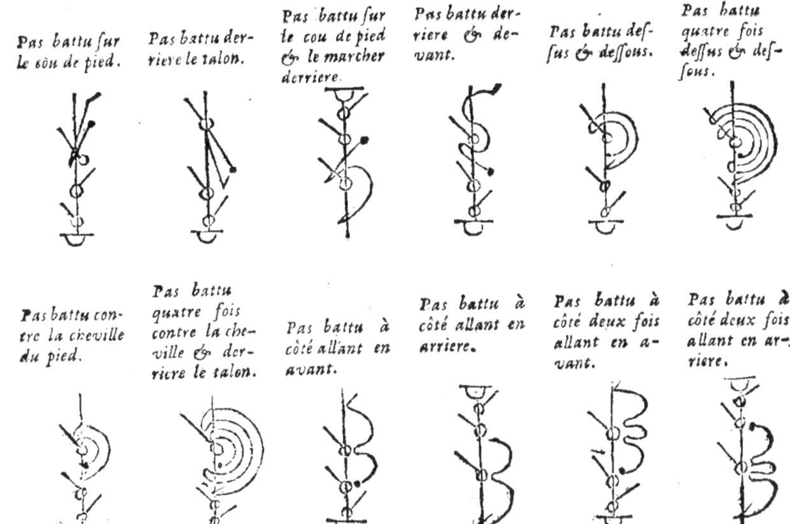

Pas battu sur le cou de pied.

Pas battu derriere le talon.

Pas battu sur le cou de pied & le marcher derriere.

Pas battu derriere & devant.

Pas battu dessus & dessous.

Pas battu quatre fois dessus & dessous.

Pas battu contre la cheville du pied.

Pas battu quatre fois contre la cheville & derriere le talon.

Pas battu à côté allant en avant.

Pas battu à côté allant en arriere.

Pas battu à côté deux fois allant en avant.

Pas battu à côté deux fois allant en arriere.

On remarquera que quand deux Pas se terminent tous deux dans une même Position, que le premier doit marcher sans avoir égard à la Position, non plus que s'il n'y en avoit point, & que ce n'est que le dernier marché qui doit observer ladite Position, comme le démontre les Exemples suivans.

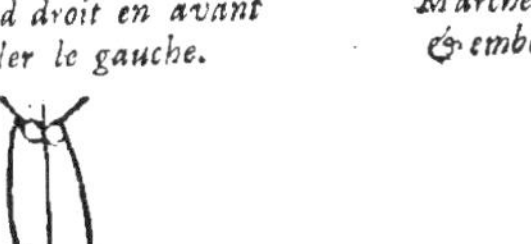

Marcher le pied droit en avant & assembler le gauche.

Marcher le pied droit en avant & emboëtter le gauche derriere.

## Du Pas simple & du Pas composé.

TOus les Pas peuvent être ou simples ou composez.

J'appelle Pas simple lorsqu'un Pas est seul, comme sont tous ceux qui ont été démontrez cy-devant, & Pas composez sont comme quand deux ou plusieurs sont joints ensemble, par une liaison, qui pour lors ne sont plus reputez que pour seul, ainsi que le démontrent les Pas suivans.

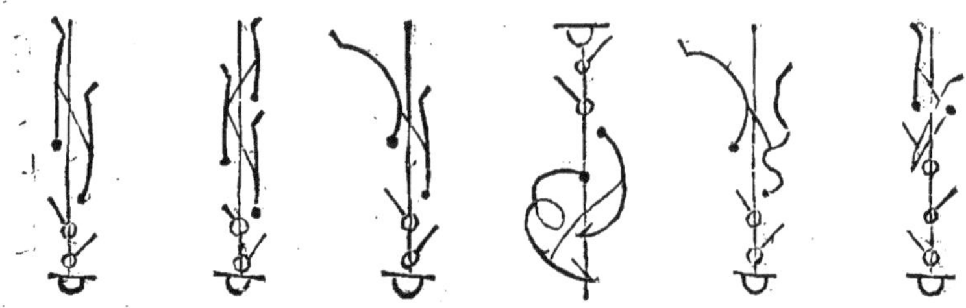

Pour pratiquer plus facilement tout ce qui a été enseigné & démontré cy-devant, on se servira des Tables suivantes, où on trouvera la plus grande partie des Pas qui sont en usage dans la Dance, tant d'un pied que de l'autre, soit en avant, en arriere, de côté, qu'en tournant, soit sur lignes droites que sur lignes diametrales, sçavoir la Table des Pas de Courante, la Table des demy Coupez, la Table des Coupez, la Table des Pas de Bourrée ou Fleurets, la Table des Jettez, la Table des Contretemps, la Table des Chaslez, la Table des Pas de Sislonnes, la Table des Piroüettez, la Table des Cabriolles, & la Table des Entrechats.

On remarquera que chaque quarré ne contient qu'un Pas, qu'on a écrit deux fois, afin de faire voir que ce qui se fait d'un pied se peut faire de l'autre, dont celuy qui est à gauche se fait du pied gauche, & celuy qui est à droit se fait du pied droit.

On remarquera aussi que dans chaque quarré il y a en écrit l'explica-cation du Pas qui y est contenu.

# TABLES
## ou font

# LA PLUS GRANDE PARTIE DES PAS
## qui font en vfage dans la Dance.

### Table des tems de Courante
#### Et des pas de Gaillarde.

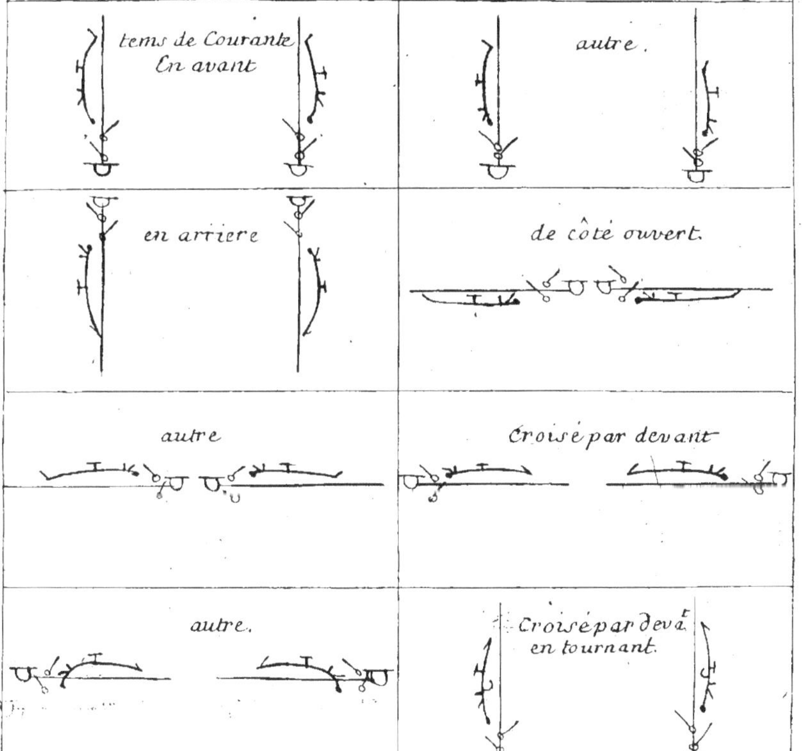

# Table des tems de Courante.

| | |
|---|---|
| ouvert á côté en tournant. | en avant.   en tournant. |
| autre. | autre. |
| le même. | autre. |
| autre. | en avant en tournant. |
| pas de Gaillarde. | le même |
| le même en tournant. | le même. |

# Table des demy Coupés.

| | |
|---|---|
| demy Coupé. en avant. | en arriere. |
| ouvert en arriere. | le même. |
| le même, avec vn rond de Jambe par devant | le même avec vn rond de jambe à côté |
| ouvert à côté. | autre. |
| autre. | croisé par devant. |

# Table des demy Coupés.

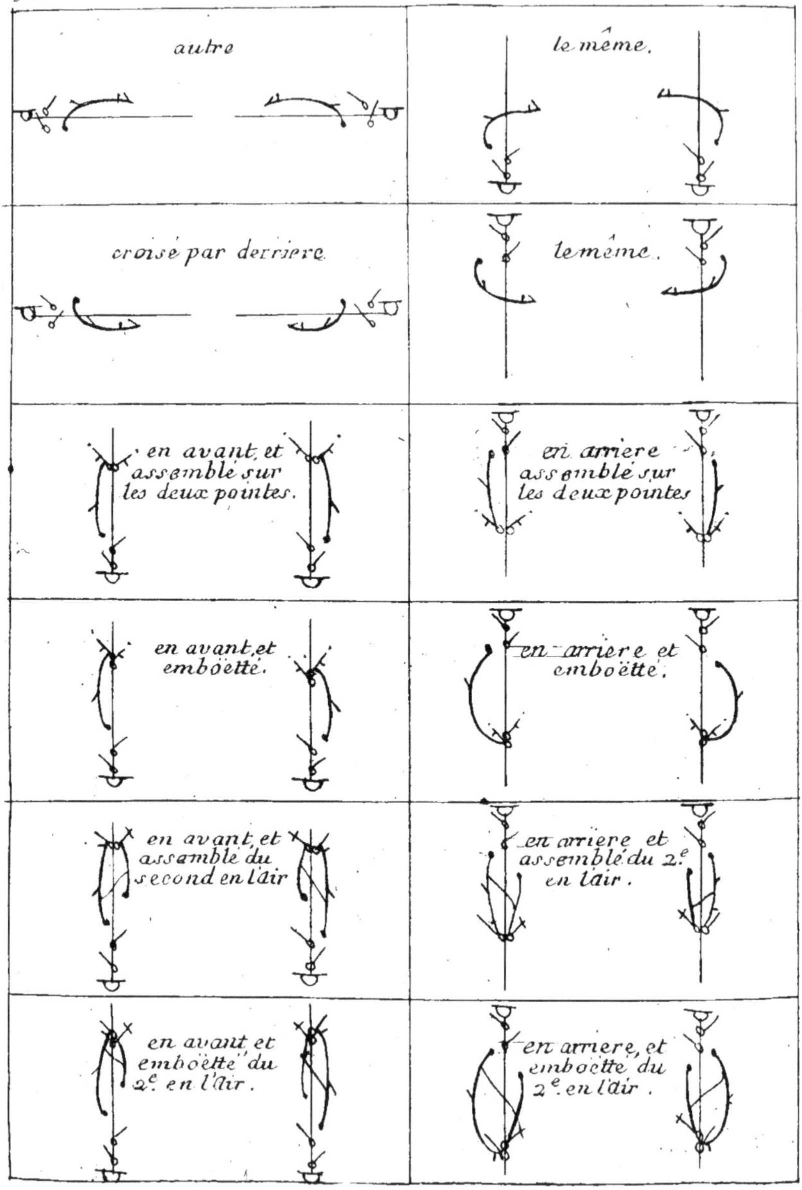

| autre | le même. |
|---|---|
| croisé par derriere | le même. |
| en avant, et assemblé sur les deux pointes. | en arriere assemblé sur les deux pointes |
| en avant, et emboëtté. | en arriere et emboëtté. |
| en avant, et assemblé du second en l'air | en arriere et assemblé du 2.e en l'air. |
| en avant et emboëtté du 2.e en l'air. | en arriere, et emboetté du 2.e en l'air. |

à côté ouvert et as-
semblé du second en l'air.

autre.

autre.

autre.

autre.

autre, dont le dernier
est emboëtté derriere.

bâtu derriere

le même.

bâtu sur le cou
du pied, et en
avant.

le même.

bâtu à côté
et ouvert.

le même.

# Table des demy Coupés.

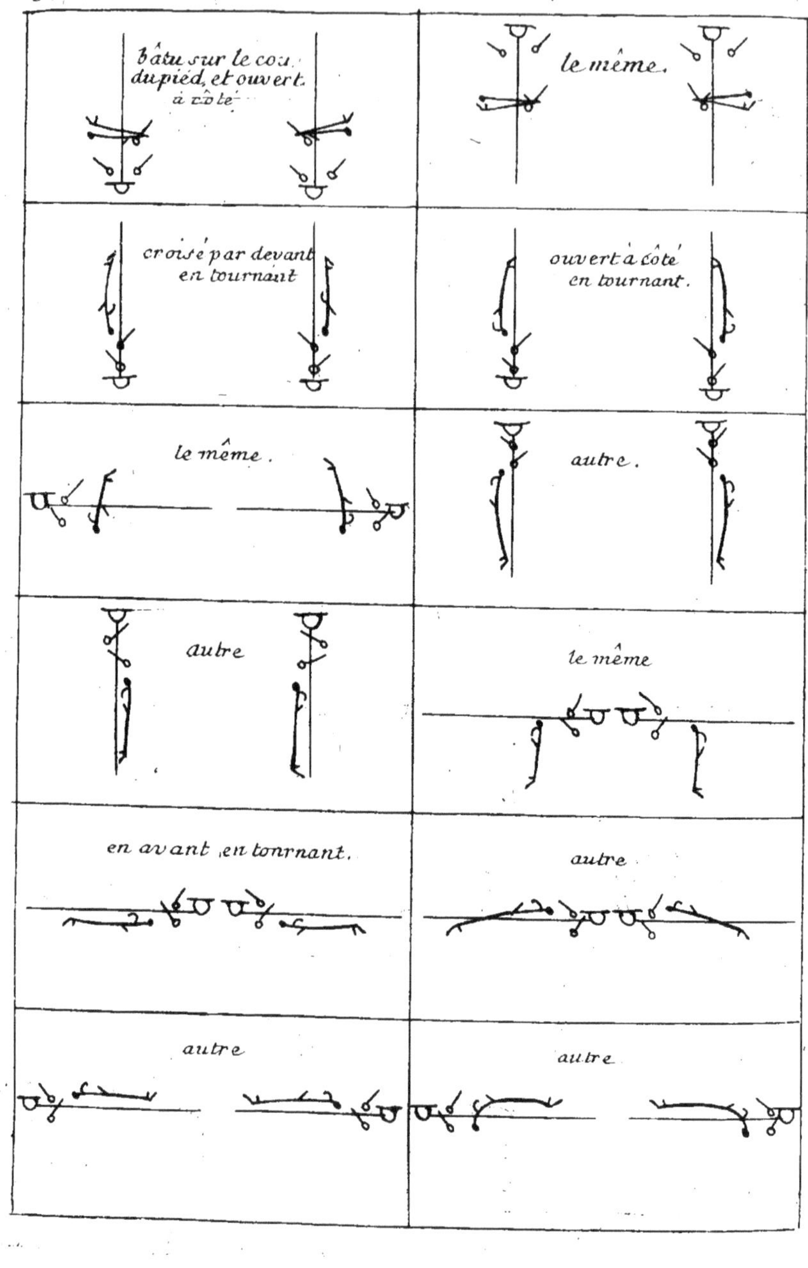

en arriere en tournant.

en ouvrant
en tournant.

en avant
en tournant

ouvert en tournant.

le même

bâtu sur le cou
du pied en tour-
nant, et ouvert
à côté.

autre.

bâtu derriere
en tournant

autre.

ouvert à côté
en tournant.

le même.

en avant
en tournant

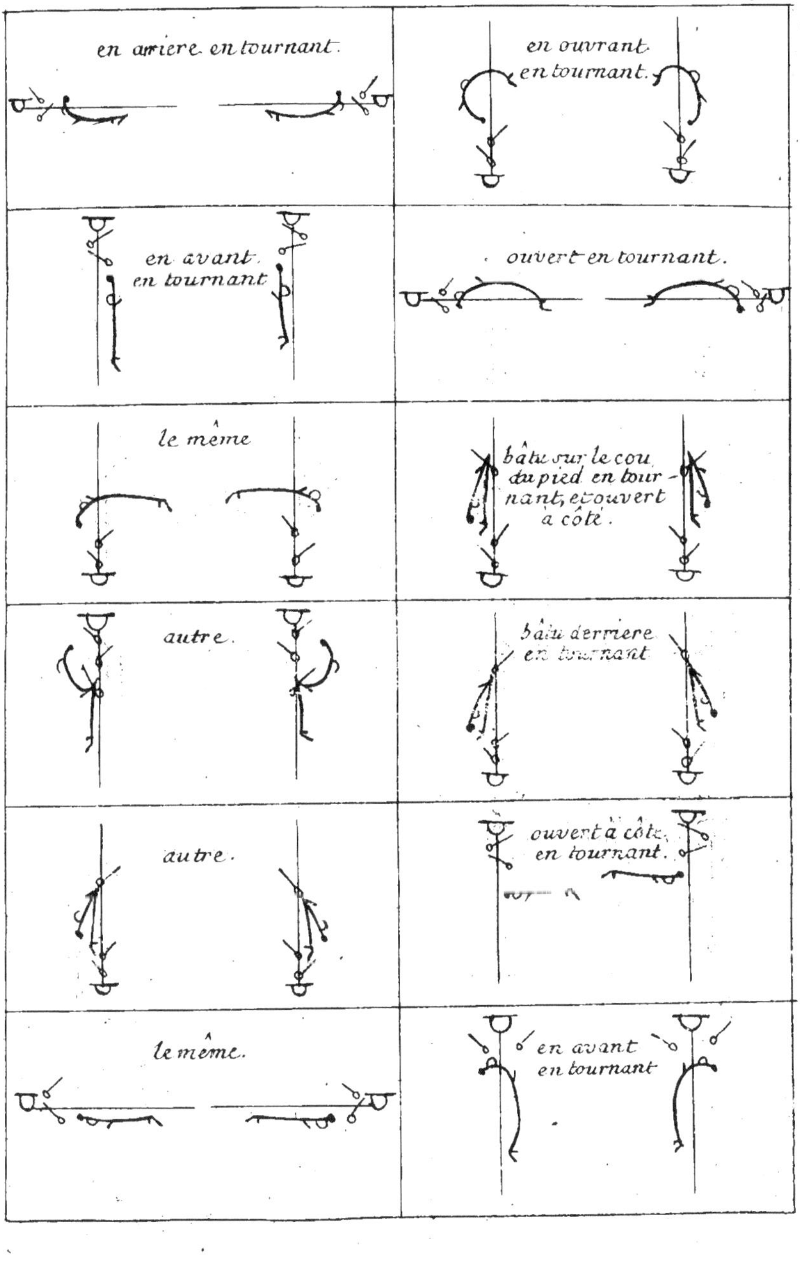

# Table des Coupés

| | |
|---|---|
| Coupé en avant | en arriere. |
| en avant le 2.ᵉ ouvert. | ouvert en arriere, et le second ouvert en dehors. |
| en avant et le second fait un rond en dedans et ouvre à côté. | ouvert en arriere et le 2.ᵉ fait un rond de Jambe et glissé en avant. |
| en avant et le 2.ᵉ va derriere et ouvre par devant et fait un rond de jambe. | en avant et le 2.ᵉ batu derriere. |
| le mesme. | ouvert en arriere et le 2.ᵉ batu devant. |

# Table des Coupés.

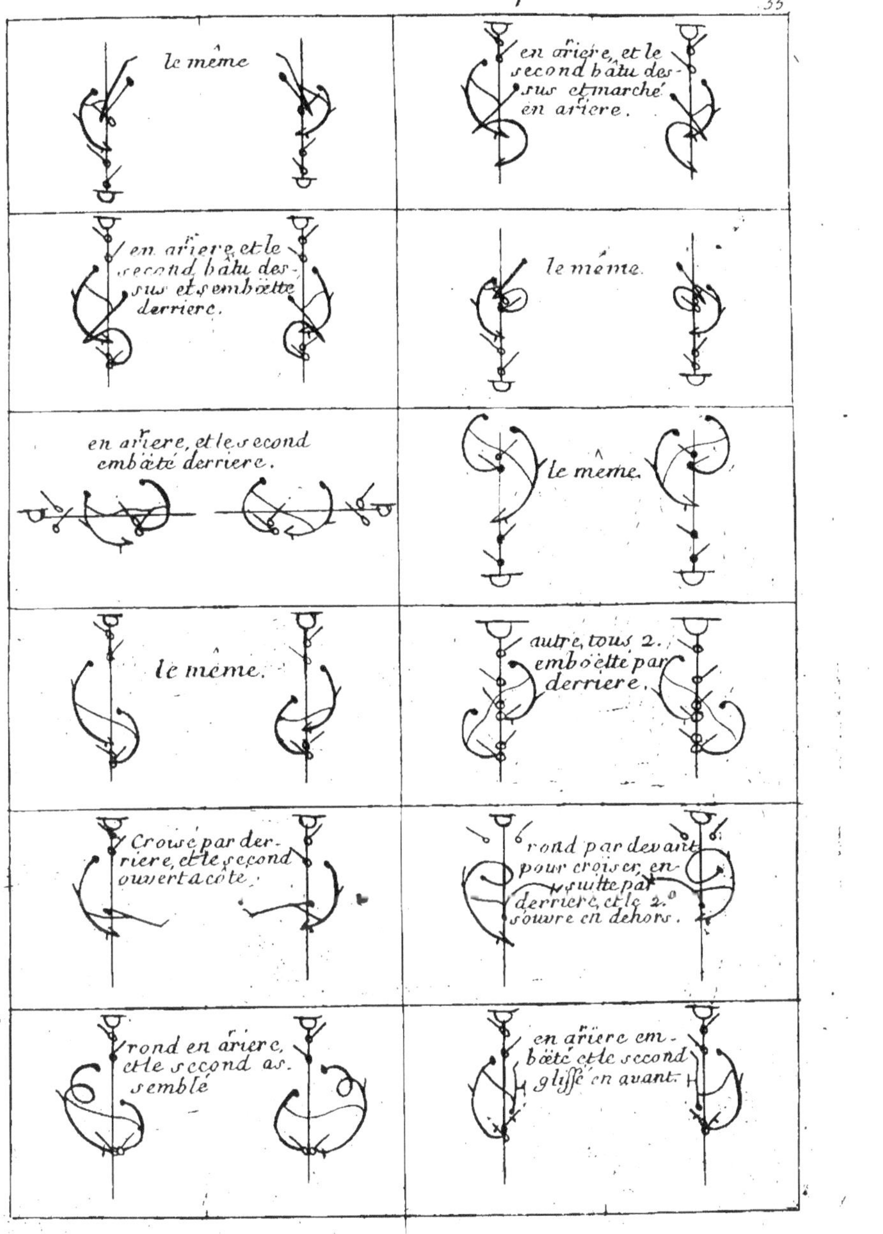

emboette devant
et glisse le second
en arriere.

ouvert à côté, et croiser
le second par devant.

autre ouvert à côté, et croisé
par derriere.

autre, ouvert à côté et le second
s'ouvre en alant derriere.

autre, ouvert
à côté, et le 2.e
passe par devant
pour s'ouvrir en
dehors.

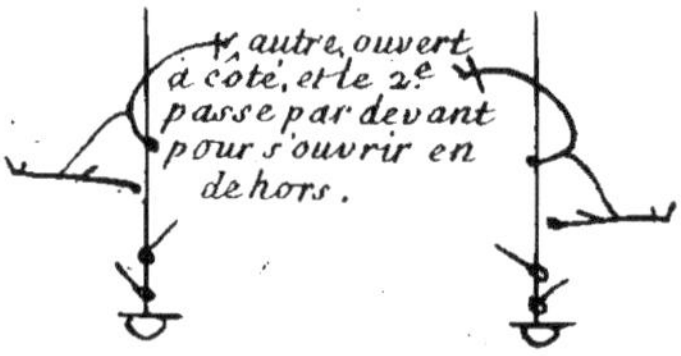

le même

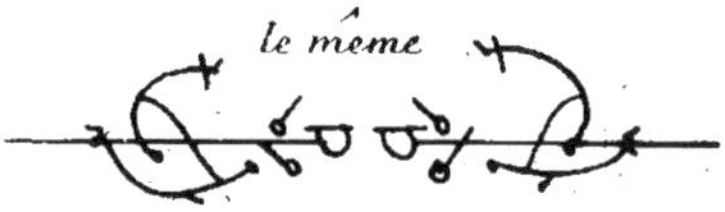

ouvert tous les deux.

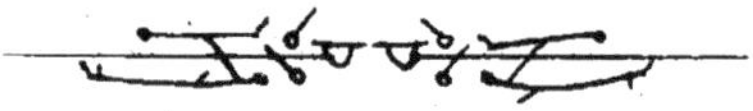

le même.

Croisé par derriere, et le second
ouvert à côté.

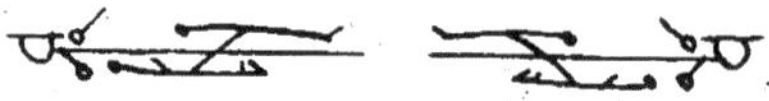

Croisé par devant, et le
second ouvert à côté.

autre croisé par dessus, et le
second ouvert à côté.

le même.

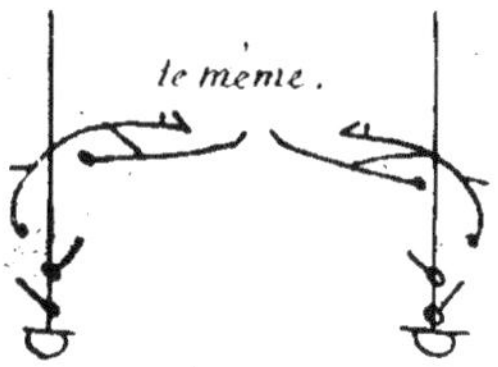

Croisé par derriere, allant de côté, et le second ouvert à côté.

le même.

Croisé par derriere, et le second ouvert à côté, en tortillant.

ouvert à côté, et le second croisé par derriere.

ouvert à côté, et le 2.ᵉ croisé par devant.

en avant, et le 2.ᵉ assemblé.

en arriere, et le second assemblé.

en avant, et le second emböetté derriere.

ouvert à côté, et le second assemblé.

autre ouvert à côté, et le second assemblé.

ouvert à côté, et le second emböetté derriere.

ouvert à côté, et le second emböetté devant.

# Table des Coupés

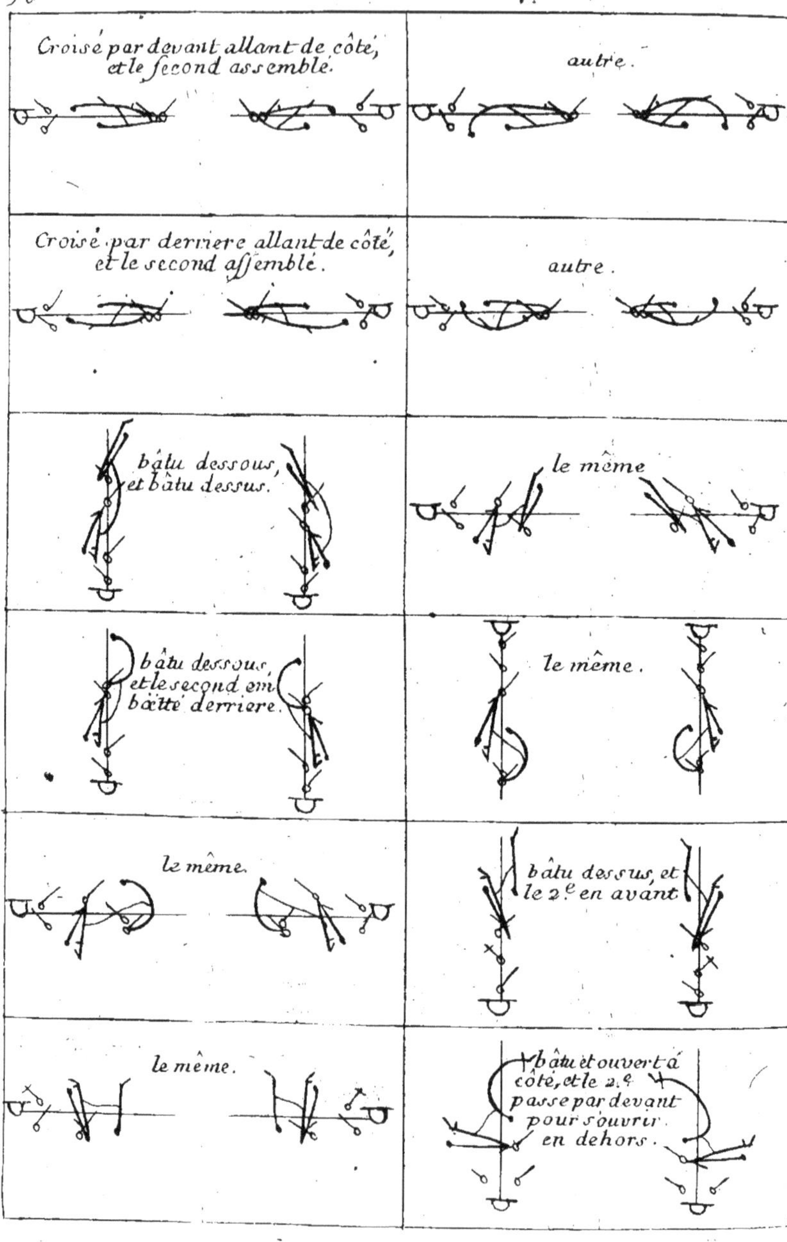

| | |
|---|---|
| bâtu sur le cou, du pied et tous deux ouvre à côté. | le même. |
| Croisé par devant en tournant un quart de tour, et le 2.e ouvert à côté. | Ouvert de côté en tournant, et le 2.e croisé par devant. |
| ouvert de côté en tournant, et le second s'ouvre aussi a côté. | le même |
| le même. | ouvert à côté en tournant, et le second croisé par derrière. |
| ouvert à côté en tournant, et le second croisé par devant. | Ouvert à côté en tournant, et le second croisé par devant. |
| autre, ouvert à côté en tournant, et le second croisé par derrière. | le premier ouvert a côté en tournant, et le second ouvert aussi a côté. |

le même.

le même

en avant et en tournant.

autre en avant et en tournant.

en avant en tournant et le
second assemble.

autre en avant, en tournant et le
second assemble.

en avant en tournant, et le
second emboëtté derriere.

en avant et en tournant.

Croisé par derriere, en tournant
et le second en avant.

en avant, et en tournant.

Croisé par derriere en tournant
et le second en avant.

en ariere, et en tournant.

autre en arriere, et en tournant.

en tournant demy tour, et le second ouvert en dehors.

tourné et le second en arriere.

tourné et le 2.e en avant.

autre, tourné et le second en avant.

tourné, en ouvrant, et en croisant par derriere, et le second ouvert en dehors.

ouvert à côté en tournant, et le second aussi ouvert à côté.

le même.

le même.

ouvert à côté en tournant après avoir bâtu sur le cou du Pied, et le second aussi ouvert à côté.

autre, ouvert à côté en tournant après avoir bâtu sur le cou du pied, et le second croise par derriere.

bâtu derriere en tournant et le second emboëté derriere.

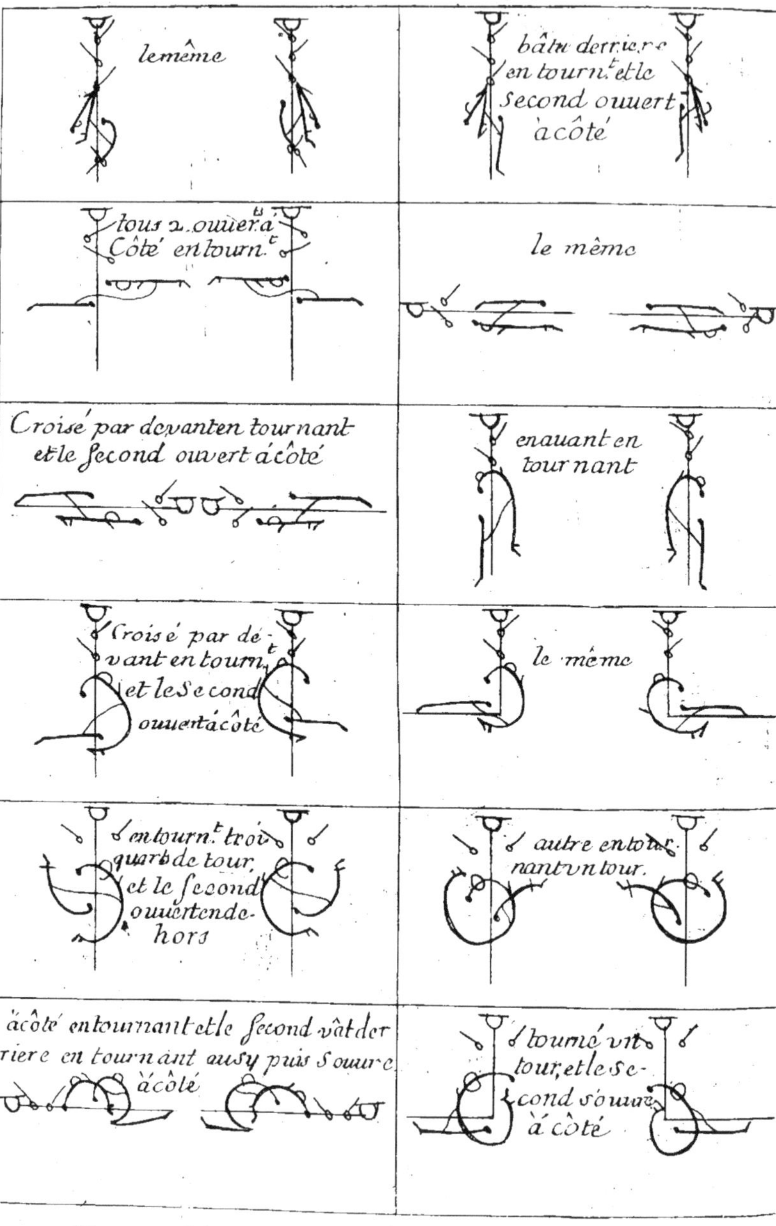
le même
bâtu derriere en tourn.t et le second ouuert à côté
tous 2. ouuer.à Côté en tourn.t
le même
Croisé par devant en tournant et le second ouvert à côté
en auant en tournant
Croisé par devant en tourn.t et le second ouuert à côté
le même
en tourn.t trois quarb de tour, et le second ouuert dehors
autre en tournant un tour.
à côté en tournant et le second vât derriere en tournant ausy puis s'ouure à côté
tourné vn tour, et le second s'ouure à côté

# Table des Pas de Bourée, ou Fleurets.

| | |
|---|---|
| pas de bourée en avant. | en arriere |
| en arriere, et le dernier ouvert à côté. | le p.er en arriere, le second batu dessus, et le dernier en avant |
| le même | le p.er en arriere, le second batu dessus, et emboëtté derriere; et le dernier en avant |
| le même | les deux p.re en arrieres et le 3.e en avant. |
| le même | le premier en arriere, le second assemblé et le 3.e en avant. |

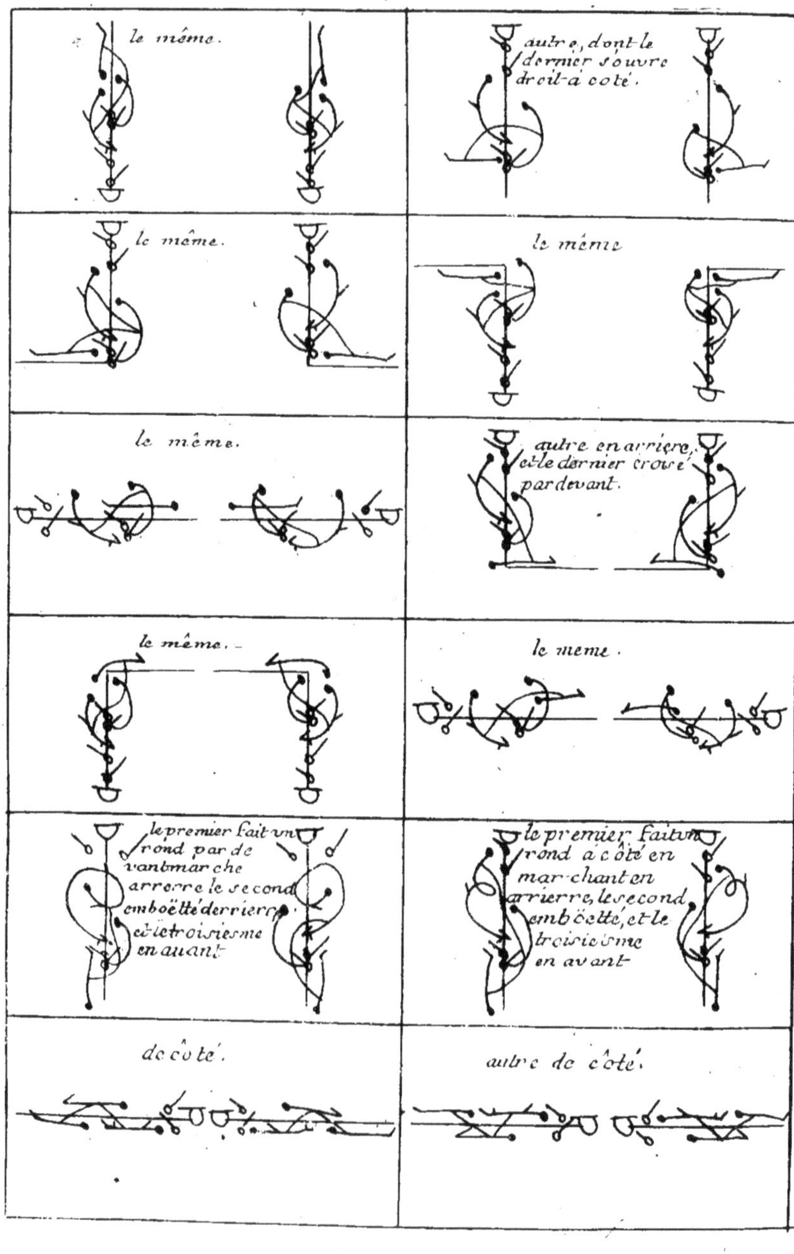
le même.
autre, dont le
dernier s'ouvre
droit à coté.
le même.
le même
le même.
autre en arriere,
et le dernier croisé
par devant.
le même. —
le meme.
le premier fait un
rond par de
vant marche
arrere le second
emboëtté derriere,
et le troisiesme
en auant
le premier fait un
rond a côté en
mar chant en
arrierre, le second
emboëtté, et le
troisieme
en av ant
de côté.
autre de côté.

# Table des pas de Bourée.

| | |
|---|---|
| le p.re et le second ouvert, et le troisiesme emboëtte derriere. | le même |
| le même | par derriere allant de côté |
| par de sous allant de côté | autre, par dessus, allant de côté |
| le p.er croisé devant, le second ouvert a côté et le 3.e emboëtté derriere. | dessus et dessous allant de côté |
| le même | par dessous allant de côté |
| le même | dessous et dessus allant de côté |

# Table des Pas de Bourée.

| | |
|---|---|
| le même. | le 1.er pas de Bourée, le second tortillé en ouvrant à côté, et le 3.e emboîté derrière. |
| le 1.er ouvert à côté, le 2.e croisé derrière et le 3.e ouvert à côté. | le 1.er ouvert à côté, le second croisé par devant, et le troisieme ouvert à côté |
| le 1.er en avant, le 2.e emboîté derrière, et le 3.e en avant | le 1.er ouvert à côté, le 2.e assemblé, et le 3.e ouvert à côté |
| le 1.re ouvert à côté, le second emboîté derrière, et le 3.e en avant. | le 1.re croisé par devant, le second assemblé, et le 3.e croisé par devant |
| le 1.re croisé par derriere, le second assemblé, et le 3.e croisé par derriere | le 1.re croisé par devant, le second assemblé et le 3.e, ouvert à côté |
| le 1.re croisé par derriere, le second assemblé, et le 3.e ouvert à côté. | le p.er bâtu dessous, le second bâtu dessus, et le 3.e en avant. |

# Table des Pas de Bouree.

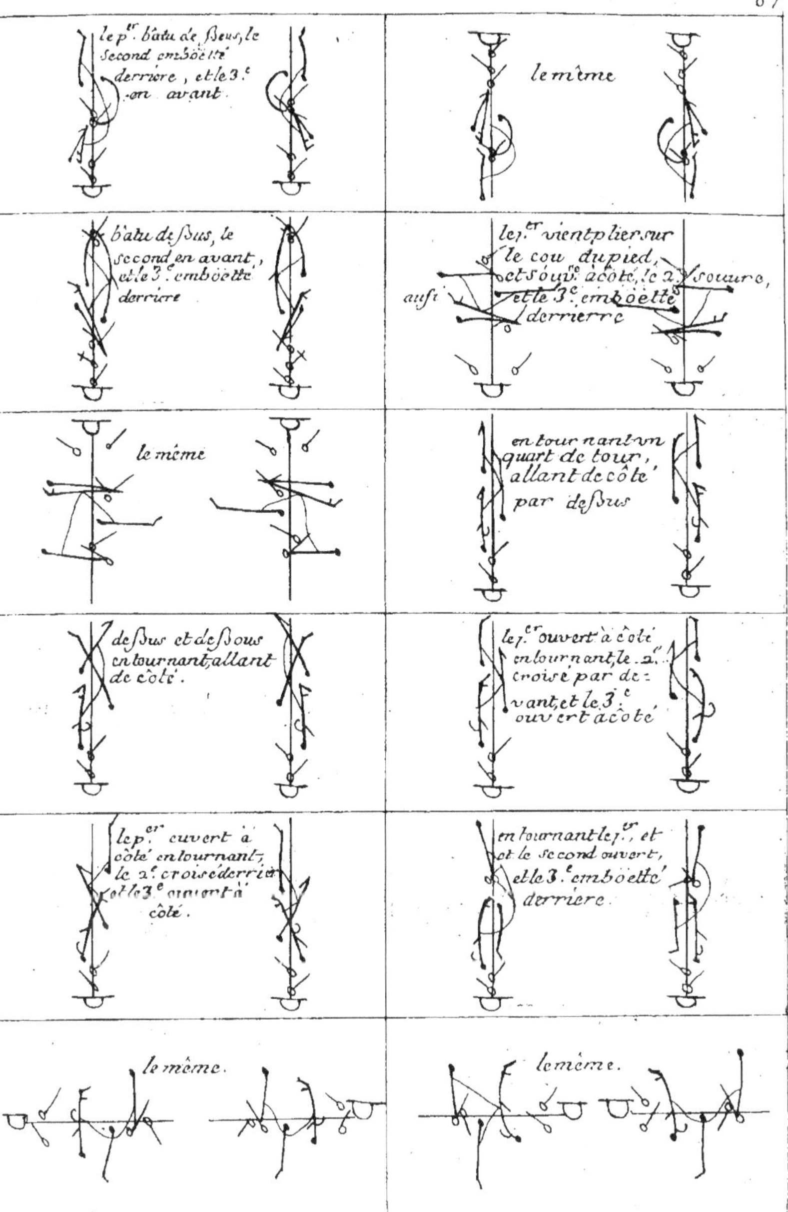

# Table des pas de Bourée.

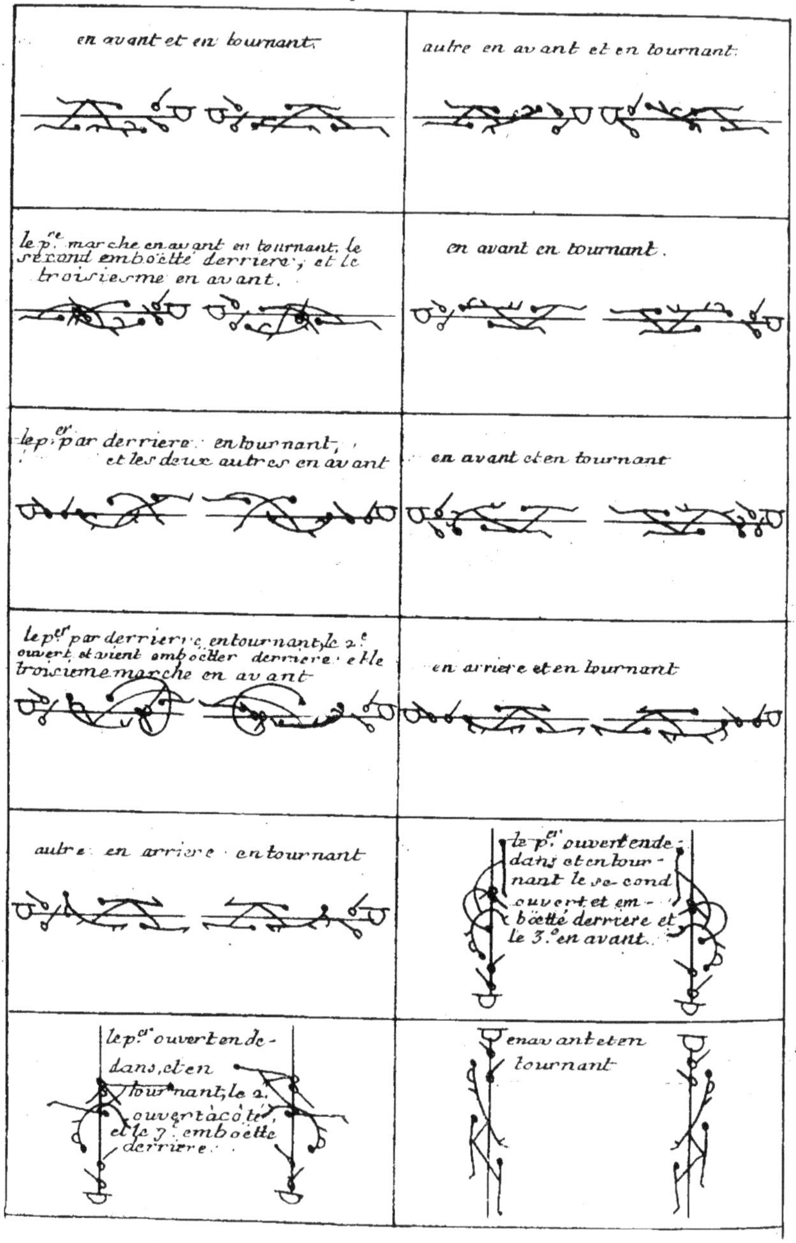

| | |
|---|---|
| en avant et en tournant. | autre en avant et en tournant: |
| le p.<sup>re</sup> marche en avant en tournant, le second emboëtte derriere; et le troisiesme en avant. | en avant en tournant. |
| le p.<sup>er</sup> par derriere en tournant; et les deux autres en avant | en avant et en tournant |
| le p.<sup>er</sup> par derriere en tournant, le 2.<sup>e</sup> ouvert, et vient emboëtter derriere; et le troisieme marche en avant | en arriere et en tournant |
| autre en arriere en tournant | le p.<sup>r</sup> ouvert en dedans et en tournant le se-cond ouvert et em-boëtté derriere et le 3.<sup>e</sup> en avant. |
| le p.<sup>er</sup> ouvert en de-dans, et en tournant, le 2. ouvert à côté, et le 3. emboëtte derriere. | en avant et en tournant |

# Table des pas de Bourée.

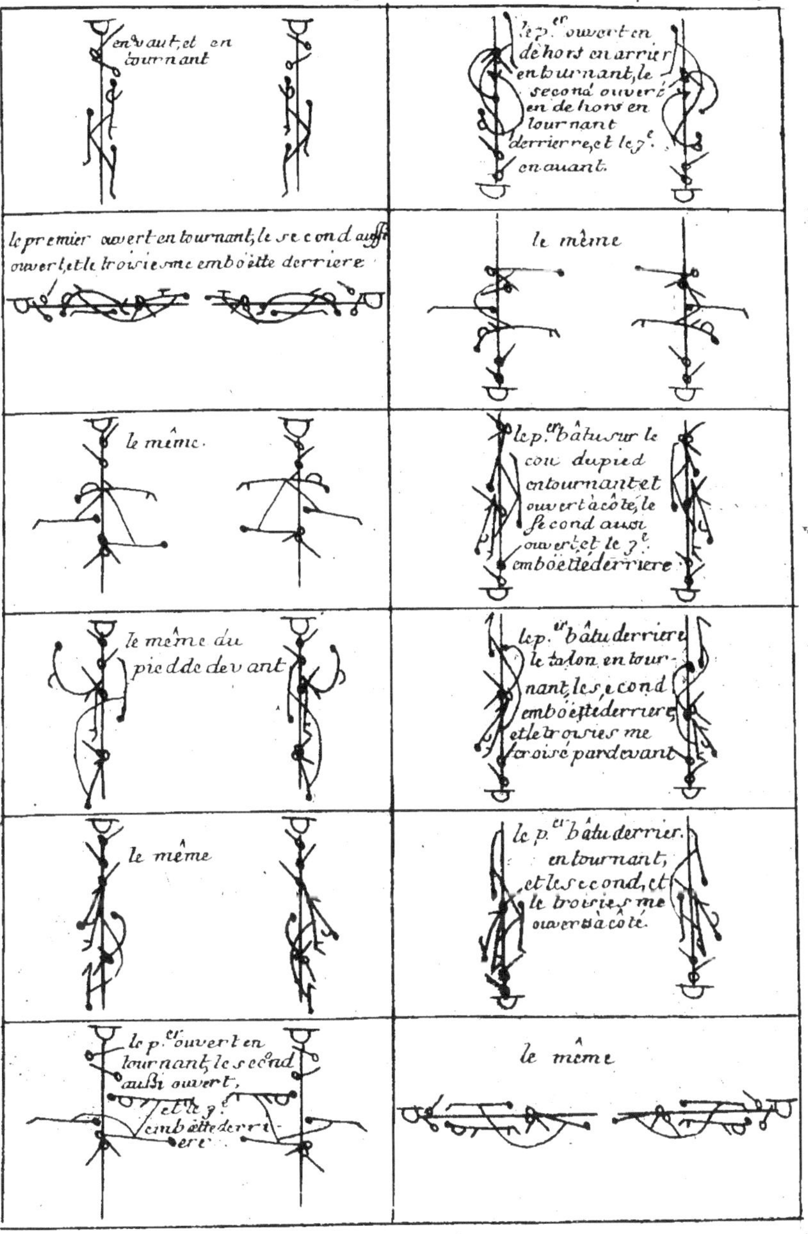

| | |
|---|---|
| en tournant demy tour allant de côté dessus et dessous. | en tournant demy tour, allant de côté, dessus et dessous. |
| en avant en tournant demy tour. | le p.re croisé par devant en tournant, le second ouvert à côté et le 3.e assemblé. |
| croisé par devant en tourn. allant de côté tout dessus. | croisé par devant en tourn. allant de côté dessus et dessous. |
| le p.er ouvert en tournant 3. quart de tour, le 2.e assemblé en tournant un quart de tour, et le 3.e en avant. | le p.er ouvert en tournant un demy tour, le second vât derrierre en tournant aussi un demy tour, puis souv.re á côté, et le 3.e croisé par derriere. |
| dessus, et dessous en tournant un tour entier. | le prem.er croisé par devant en tournant un demy tour, le 2.e tourné un quart de tour, et le dernier assemblé en tournant aussi un tour. |
| le pr.e croisé par devant en tournant un demy tour, le second tourne un quart de tour, et le 3.e s'ouvre a côté en tournant aussi un quar de tour. | le p.r est batu derrierre en tournant un demy tour, le 2.e tourne un quar de tour en ouvrant, et vient s'em b'eller derriere puis le 3.e s'ouvre a côté. |

# Table des Jettées.

| | |
|---|---|
| jetté en auant. | en arriere. |
| ouuert en arriere, et le second pas, ouuert en même tems | le même. |
| le même en faisant vn rond de Iambe par devant, avant de sauter. | le même, en faisant vn tour de Iamb. à côté. |
| en avant, sur les deux pieds assemblés. | en arriere, sur les deux pieds assembles. |
| en avant sur les deux pieds emboëttes. | en arriere sur les deux pieds emboëtte. |

# Table des Jetés.

en avant, et le second assemble en l'air.

en arriere, et le second assemblé en l'air.

en avant et le second emboëtté derriere.

en arriere, et le second emboëtté devant.

ouvert à côté, et le second assemble en l'air.

autre, ouvert à côté, et le second emboëtté derriere.

Croisé pardevant, et assemblé du second allant de côté.

le même.

Croisé par derriere, et assemblé du second allant de côté.

en avant en tournant un quart de tour et le second ouvert en dehors.

Croisé par derriere en tournant, et le second ouvert en dehors.

en arriere en tournant, et le 2.e ouvert en dehors.

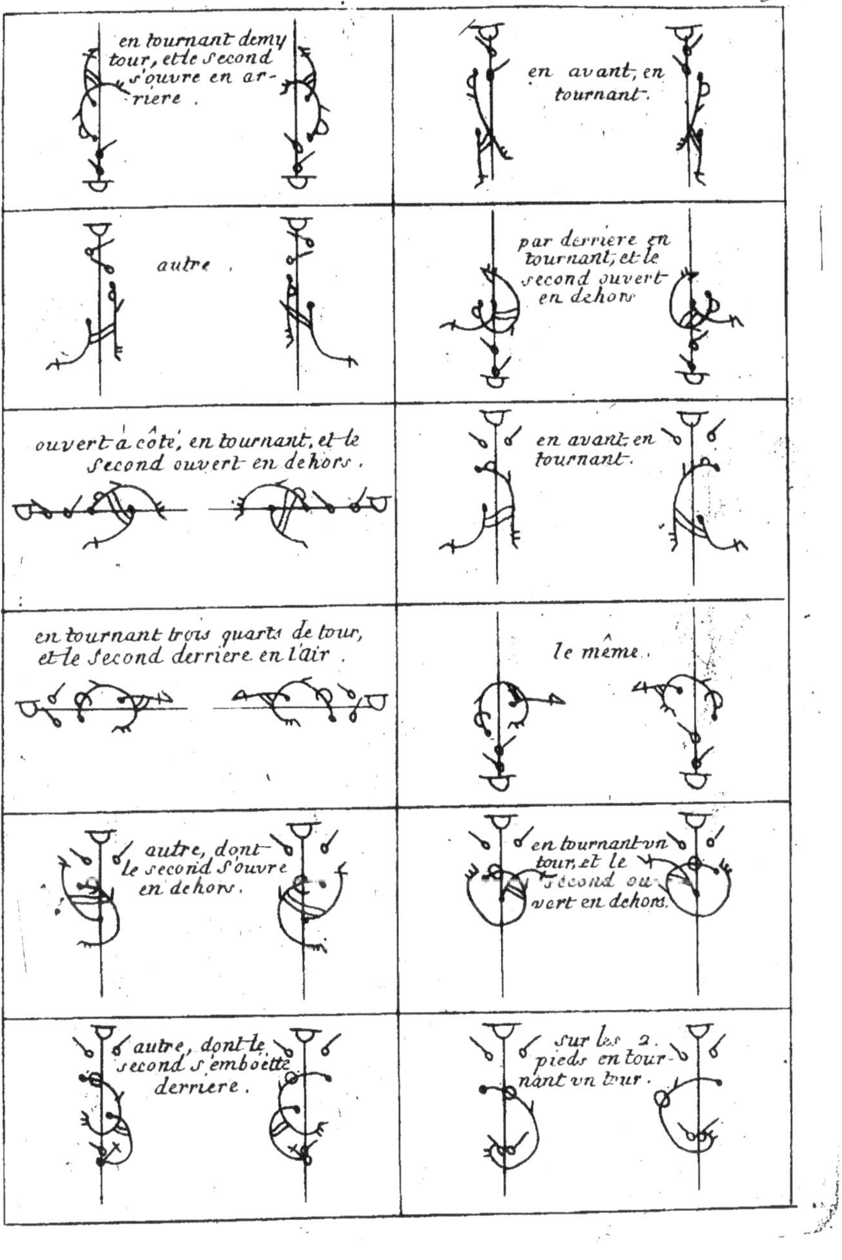

en tournant demy tour, et le second s'ouvre en arriere.
en avant, en tournant.
autre.
par derriere en tournant, et le second ouvert en dehors
ouvert à côté, en tournant, et le second ouvert en dehors.
en avant en tournant.
en tournant trois quarts de tour, et le second derriere en l'air
le même.
autre, dont le second s'ouvre en dehors.
en tournant un tour, et le second ouvert en dehors.
autre, dont le second s'emboëtte derriere.
sur les 2. pieds en tournant un tour.

# Table des Contre-temps.

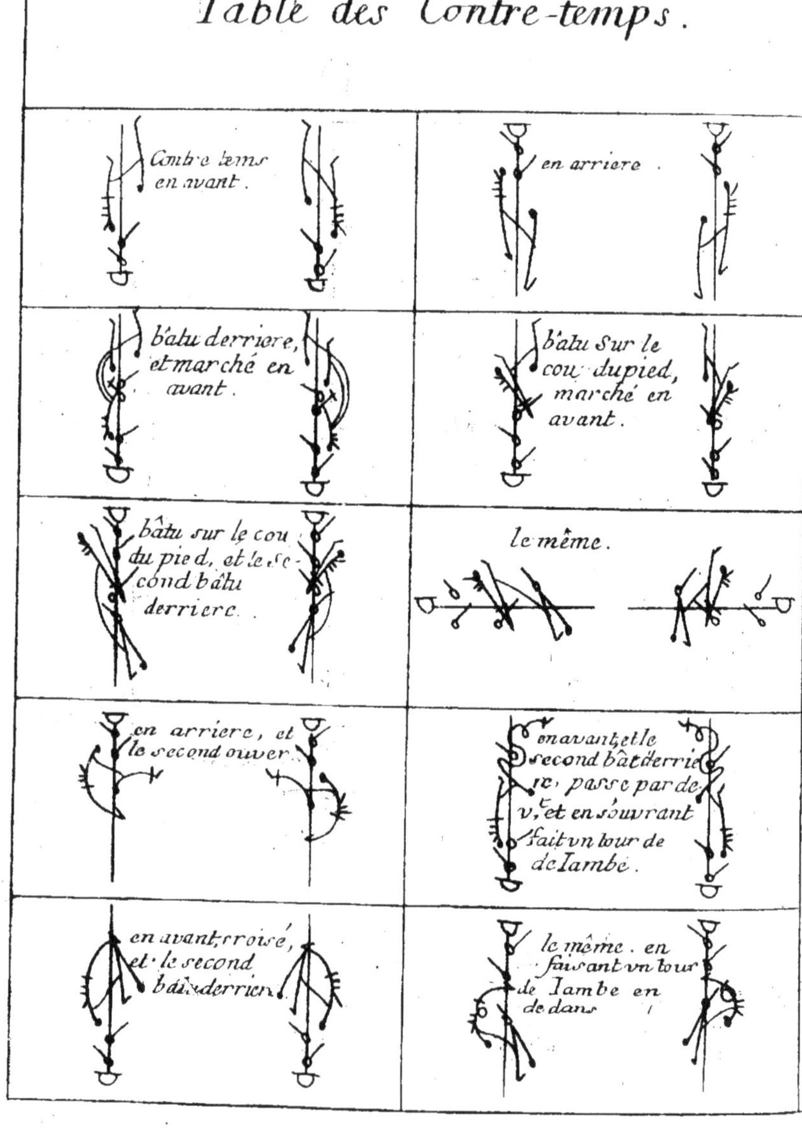

en avant, en l'air, en suitte Se Ietter Sur la même Iambe, Ce qu'on apelle Con-tretents balonné

autre, dont le plié du Ieté Se prend Sur le cou du pied.

en arriere, et le Second emboëtté.

balu Sur le Cou du pied, et emboëtte derrien, et le Second en avant.

en arrierre, et le Second ouvert à côté.

de côté, dont le Second Croisé par de-vant.

autre, dont le Second Croise par derriere

de côté, dont le premier Croise par devant, et le Second ouvert à côté.

le mêm, Sortant d'une autre po-sition

le même.

balu devant, Croisé par derriere, et ouvert à côté.

ouvert, et le Second Croisé par derriere.

| | |
|---|---|
| ouvert, et le second Croisé par devant. | ouvert à côté en tortillant, et le second croisé par derriere . |
| ouvert à côté, et le 2ᵉ croisé derriere | en avant, et le 2ᵉ assemblé. |
| en arriere, et le 2ᵉ assemblé. | Sauté ouvert, et revenir dans la même position, le second fait la même chose sans sauter, ce qui on apelle le pas de rigaudon. |
| le même. | ouvert à côté, et le second assemblé. |
| autre. | ouvert à côté, et le second emboëtté derriere . |
| ouvert à côté, et le second emboëtté devant. | battu, plié derriere pour sauter en avant, croisé, et le second ouvert à côté. |

Croisé par devant en tournant, et le second ouvert à côté.

ouvert à côté en tournant, et le second croisé par devant.

ouvert à côté en tournant, et le second croisé par derriere.

bâttu sur le cou du pied en tourn.t et embâtté derriere, et marché en avant.

ouvert à côté en tournant, et croisé devant.

autre, dont le second est croisé devant.

ouvert à côté en tournant, et croisé devant.

le même.

en avant, en tournant.

autre.

autre.

en arriere, en tournant.

# Table des Contre-temps.

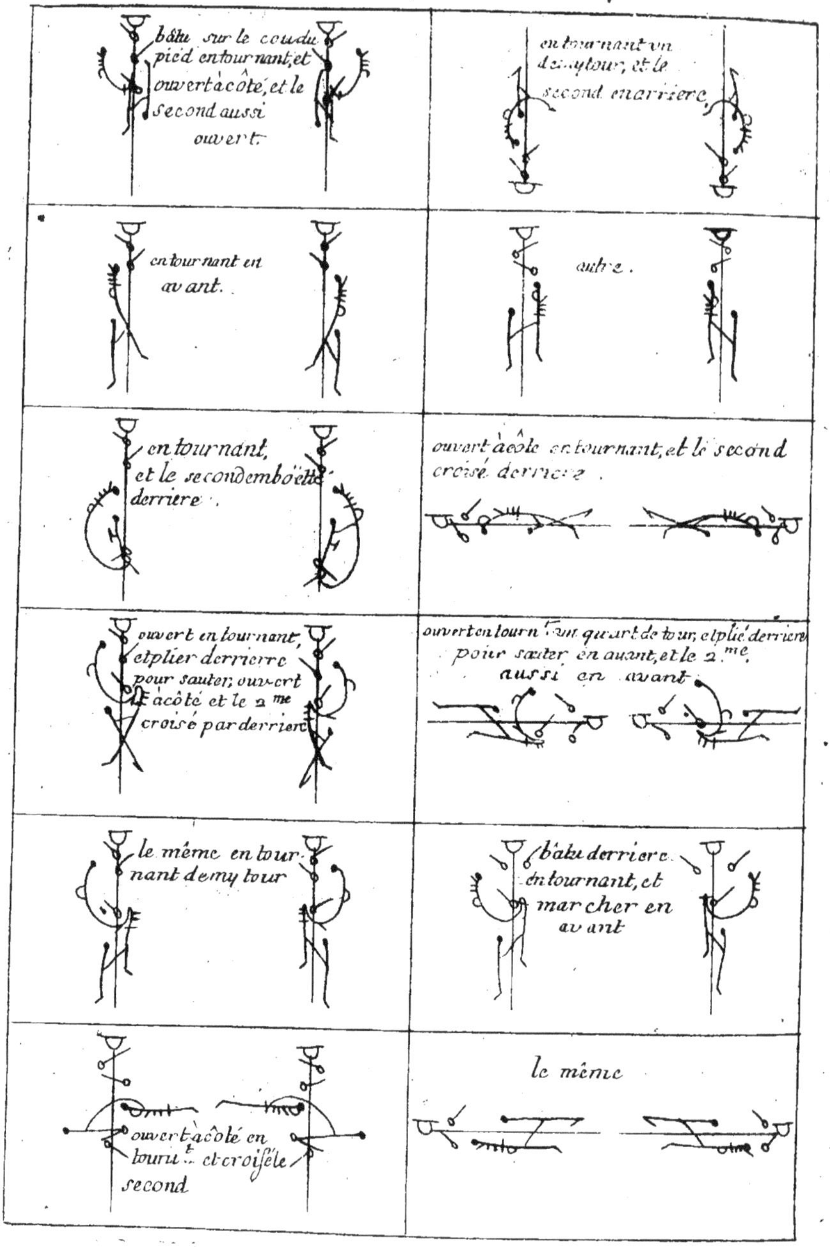
battu sur le coudu pied entournant, et ouvert à côté, et le second aussi ouvert.
en tournant un demy tour, et le second en arriere,
en tournant en avant.
autre.
en tournant, et le second emboëtté derriere.
ouvert à côté en tournant, et le second croisé derriere.
ouvert en tournant, et plier derrierre pour sauter; ouvert à côté et le 2.me croisé par derriere
ouvert en tourn.t un quart de tour, et plié derriere pour sauter en avant, et le 2.me aussi en avant.
le même en tournant demy tour
battu derriere en tournant, et marcher en avant
ouvert à côté en tourn.t et croisé le second
le même

| | |
|---|---|
| ...uvert en tournant demy tour, et le dernier en arriere, en tournant un quart de tour | croise par devant en tournant demy tour, et le second ouvert |
| batu sur le cou du pied et emboëtté derriere, et le second en avant en tournant un quart de tour | en avant, en tournant demy tour |
| croisé par devant en tournant, et le second ouvert à côté | le même |
| en tournant demy tour en faisant un tour de jambe, et plié sur le cou du pied pour faire un jeté en tournant, et ouvrir le dernier pas. | autre. |
| batu sur le cou du pied en tournant demy tour, et marche en avant | ouvert en tournant trois quarts de tour, et le second en arriere. |
| en tournant un tour et le second batu derriere. | batu derriere en tournant un tour, et marche en avant. |

# Table des Chaſſées.

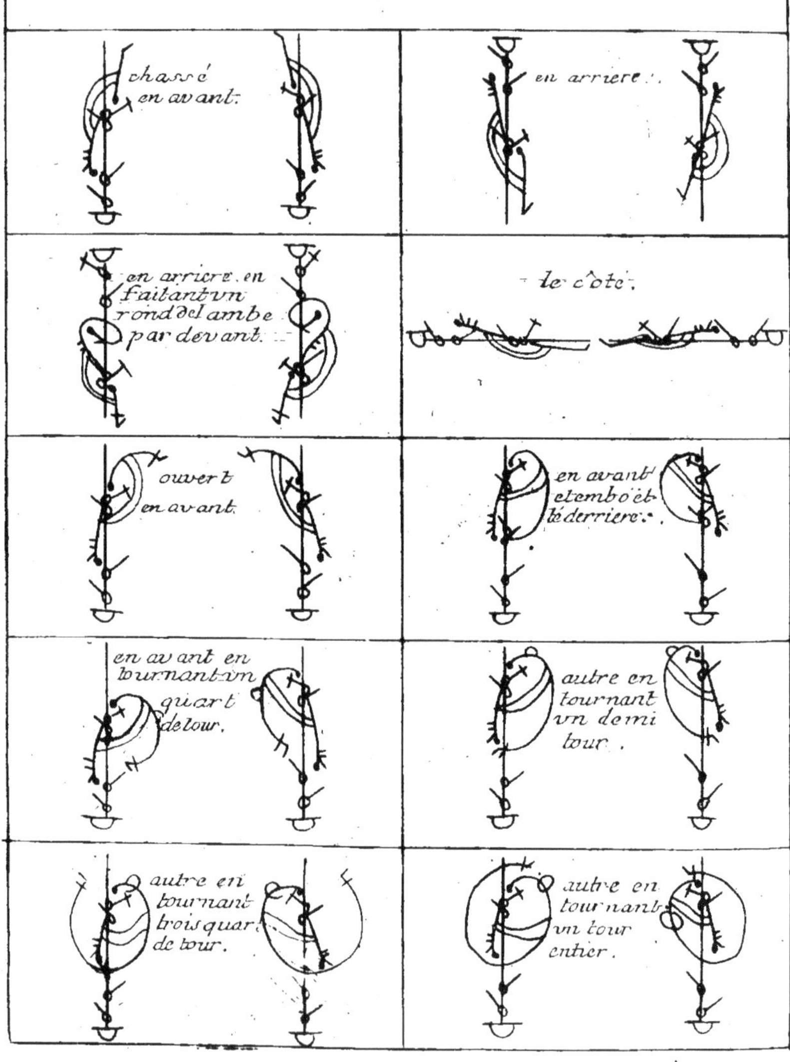

# Table des Pas de Sissonne.

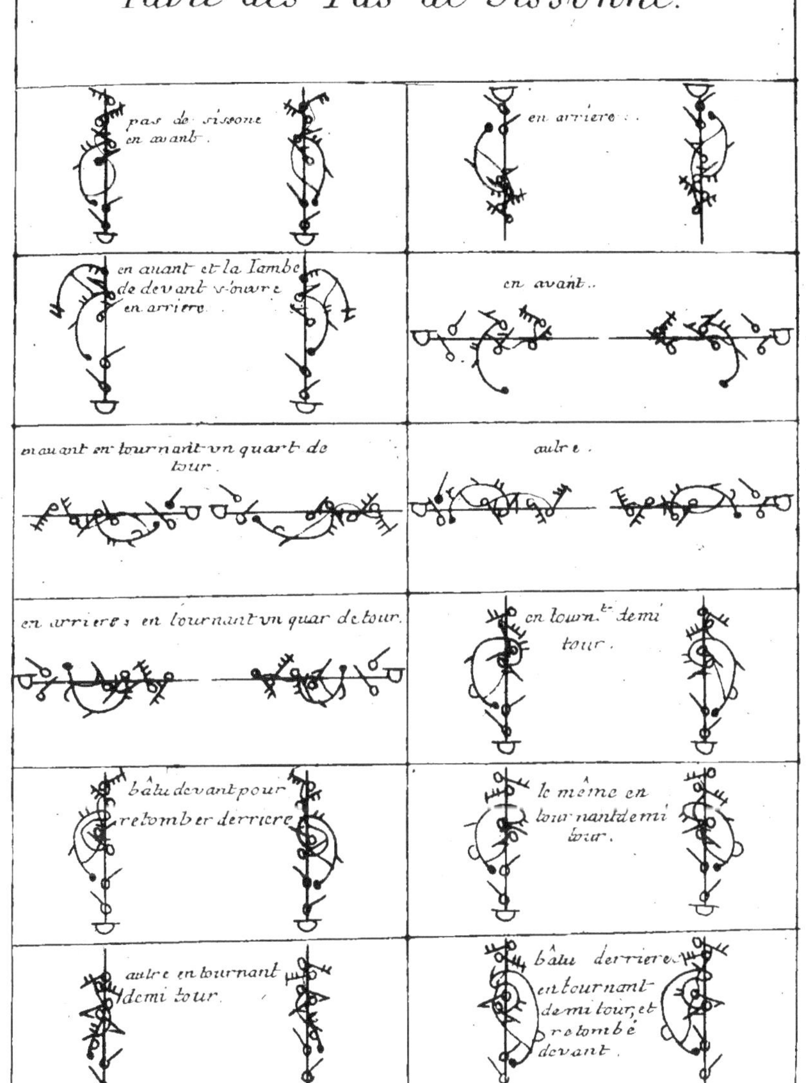

# Table des Piroüettes.

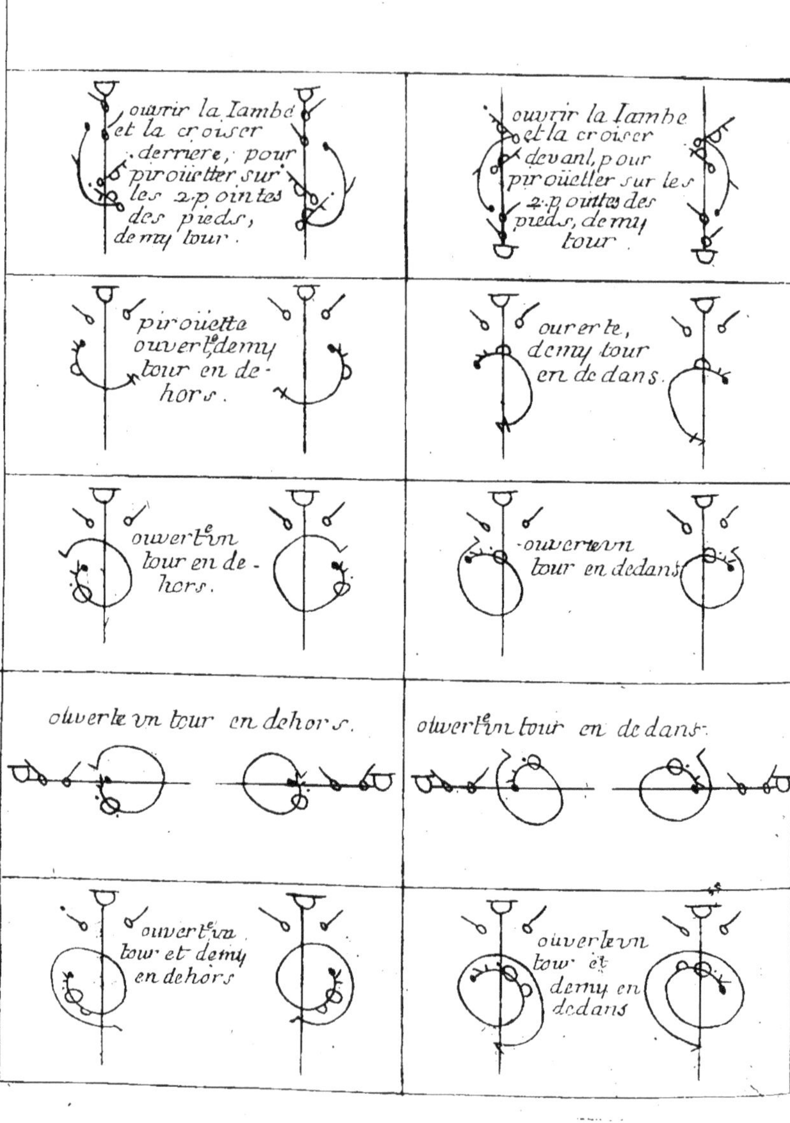

# Table des Piroüettes.

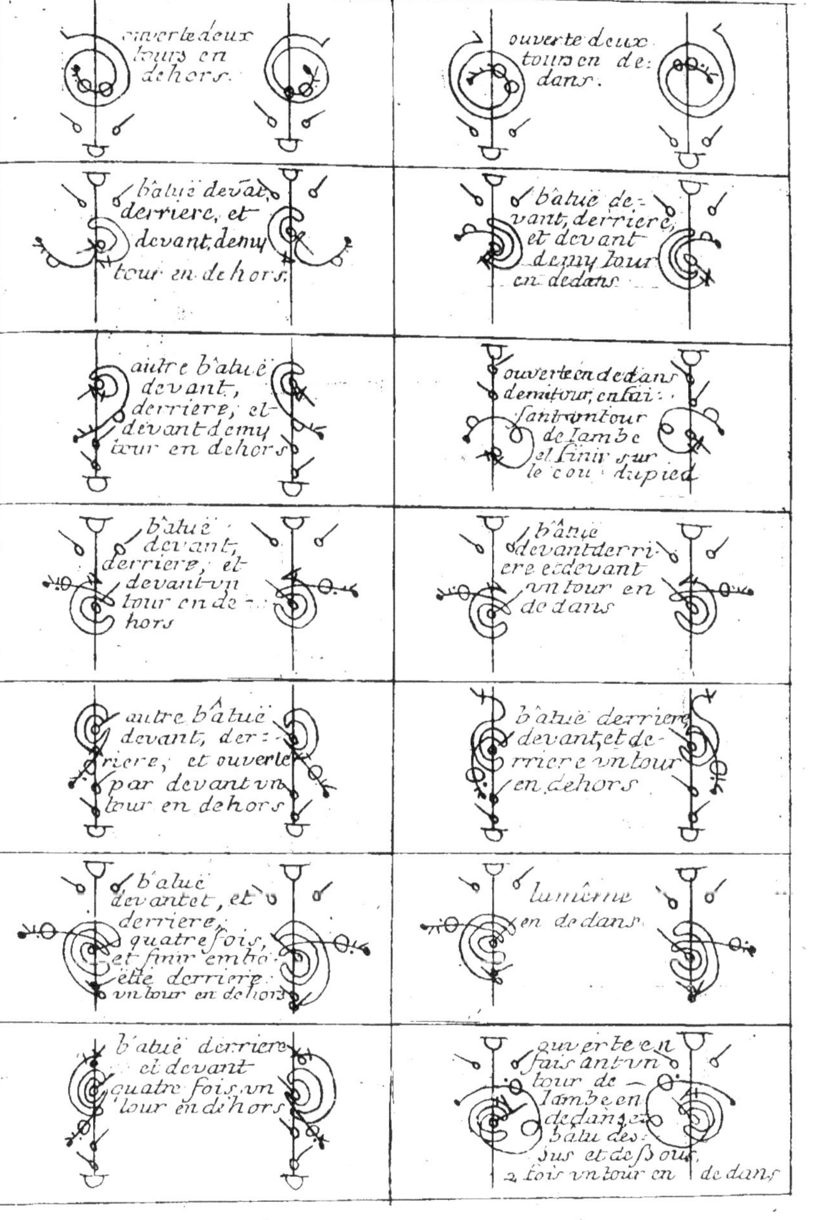

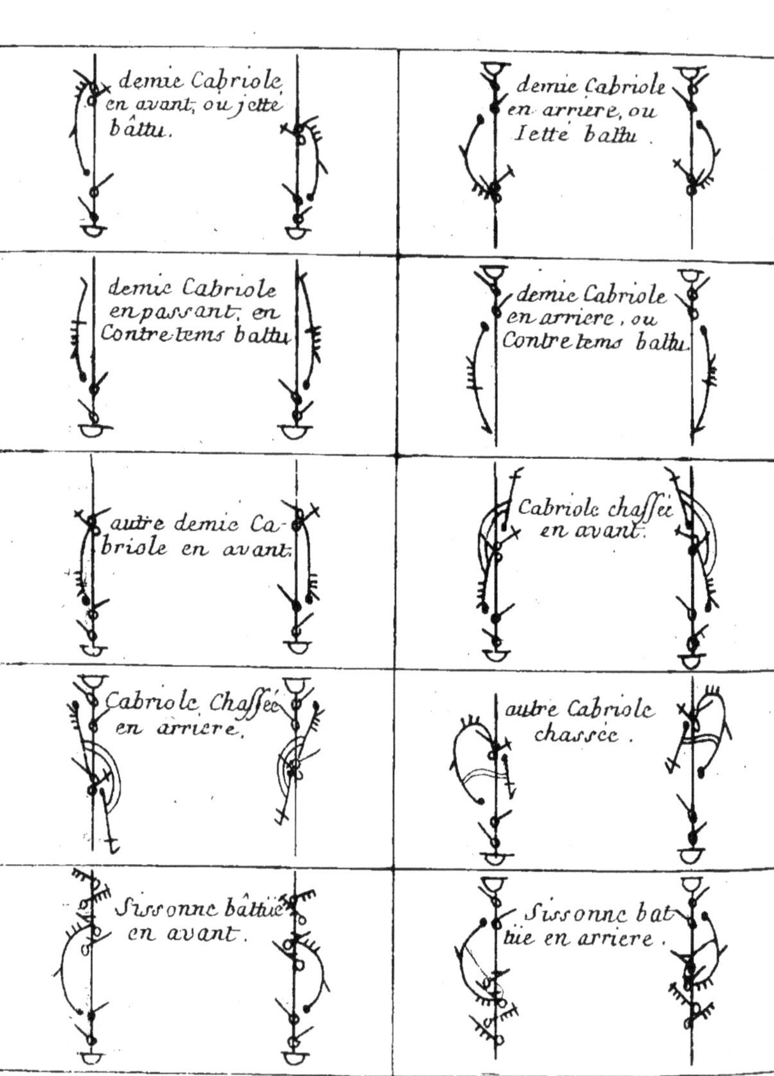


Table des Cabrioles, et demie Cabrioles.
demie Cabriole en avant, ou jetté battu.
demie Cabriole en arriere, ou Jetté battu
demie Cabriole en passant, en Contretems battu
demie Cabriole en arriere, ou Contretems battu
autre demie Cabriole en avant.
Cabriole chassée en avant.
Cabriole Chassée en arriere.
autre Cabriole chassée.
Sissonne battüe en avant.
Sissonne battüe en arriere.

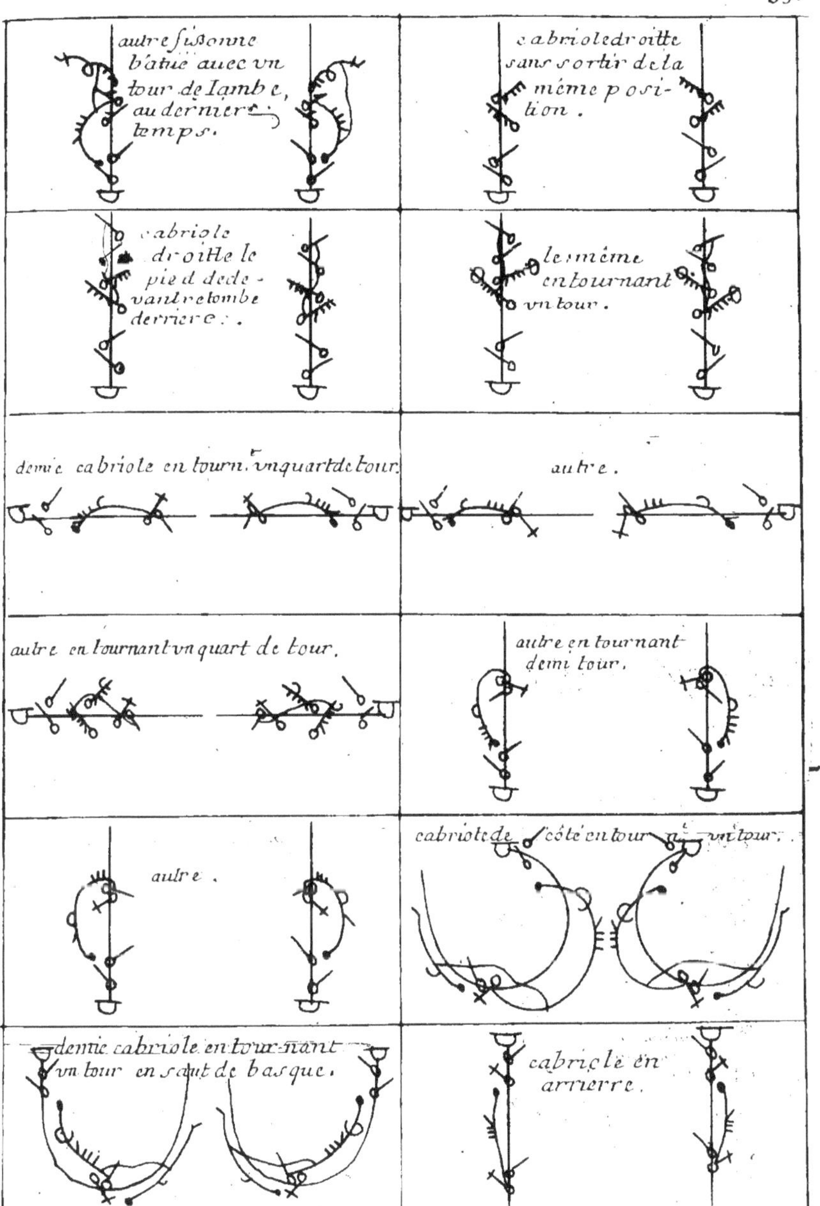
autre sissonne bâtue auec un tour de Iambe, au dernier temps.
cabriole droitte sans sortir dela même position.
cabriole droitte le pied dede-vant retombe derriere.
le même en tournant un tour.
demie cabriole en tourn. un quart de tour.
autre.
autre en tournant un quart de tour.
autre en tournant demi tour.
autre.
cabriole de côté en tournant un tour.
demie cabriole en tournant un tour en saut de basque.
cabriole en arrierre.

# Table des Entre-chats
## et demy entre-chats.

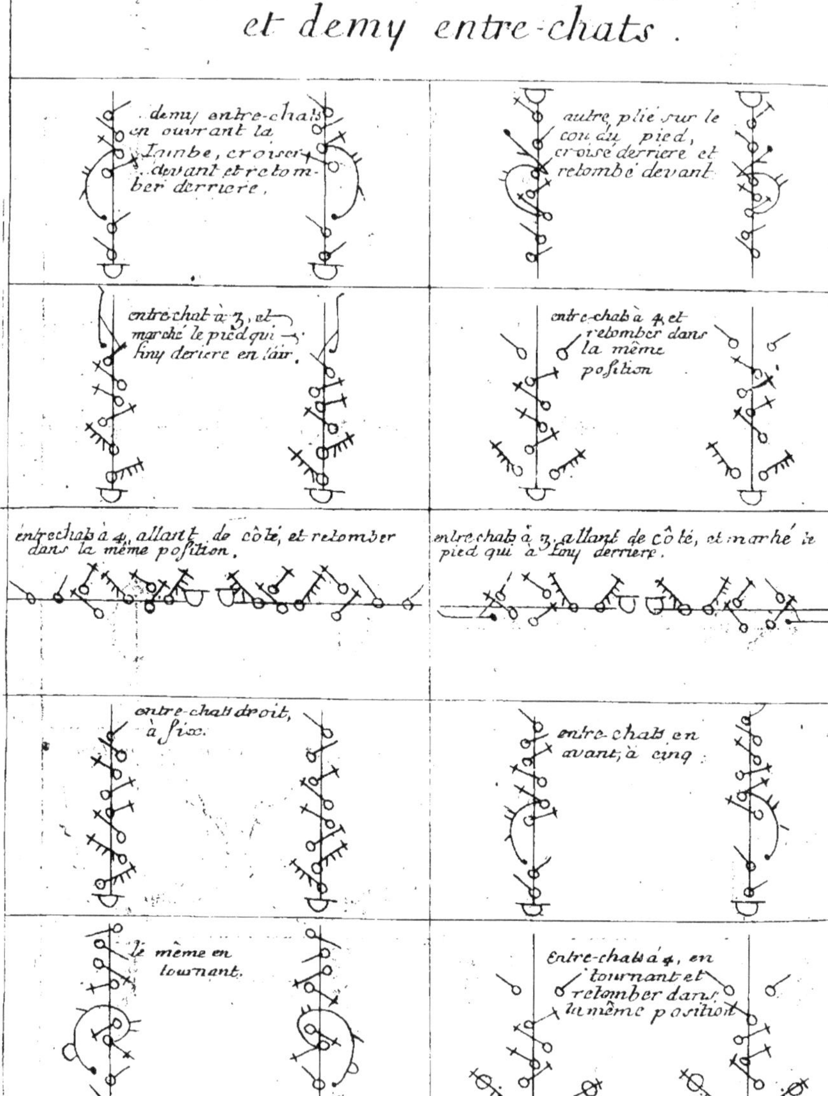

# Supplément des tables precedentes ou ce trouve plusieurs pas qui n'avoyent point encore été marquées cy devant.

Jetté sans sauter ou demy coupé en l'Air.
Coupé a deux mouvements
Coupé a deux mouvements de côté.
Autre
Autre.
Chacé du pied de deriere tandis que celuy de devāt bat sur le cou du pied. Ce pas s'apelle chasé battu.
Chasé battu de costé.
Autre chasé battu de costé en tournant.
Chasé sans sauter en auant.
le mesme.

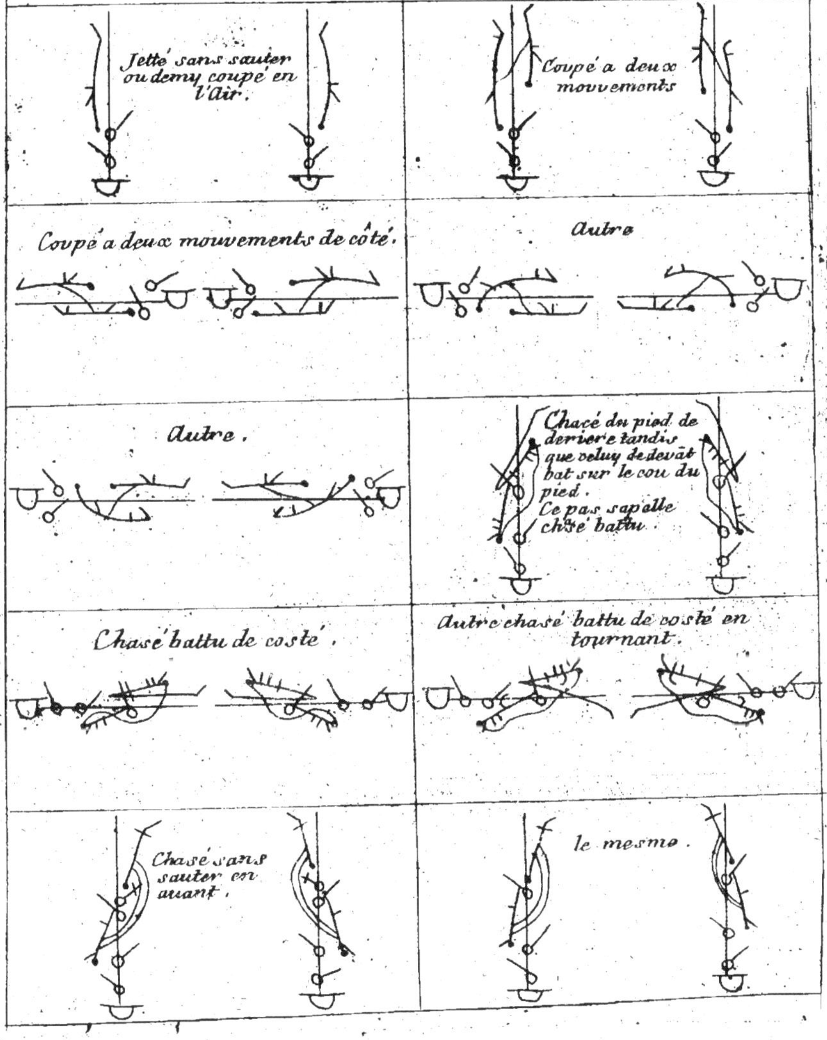

Autre chase en auant en pas tombé.

le même.

pas tombé sur les deux pieds et cleué sur le second.

Autre pas tombe dont le premier chase le second et en suite du même ply que le pas tombe a produit, on se jette sur la jambe qui est en l'Air.

pas tortillé en auāt

pas tortillé en ariere

pas tortillé de coste.

pas battu deriere et en suite ouuert par deuant en tortillāt

porter le corps sur la pointe du pied

porter le corps sur le talon.

porter le corps sur la pointe du pied et en suite beser le talon.

porter le corps sur le talon et en suite sur la pointe du pied.

poser la pointe du pied sans que le corps y soit porte et la lever en posāt le talon aussy sans que le corps y soit porté.

poser le talon sans que le corps y soit porté et lélever en posant la pointe, ausy sans que le corp y soit porté.

étre sur la pointe du pied et la lever en se portant sur le talon.

étre sur le talon et le leuer en se portant sur la pointe.

Sélever sur la pointe du pied et en suite beser le talon.

Sélever sur le talon et en suite beser la pointe

Sauter sur la pointe du pied et beser le talon ausy tost.

Sauter sur le talon et beser la pointe ausi tost.

# Supplément de pas.

| | | | |
|---|---|---|---|
| tortiller le talon en dehors et en suite la pointe en dedans. | tortiller la pointe en dedans et ensuite le talon en dehors. | tortiller le talon et en suite la pointe tous deux s'ouvrant en dehors. | tortiller la pointe et en suite le talon tous deux se referment en dedans. |
| pour venir de la p.re bonne position a la 2.me fausse. | de la p.re fausse a la p.re bonne. | de la 2.me bonne a la 2.me fausse. | de la 2.me fausse a la 2.me bonne. |
| de la p.re bonne a la 2.me. | de la 2.me a la p.re. | pas en avant et en suite tortiller le talon. | pas en avant et en suite tortiller la pointe du pied. |
| pirouette d'un demy tour en tortillant sur les pointes et sur les talons alternativement | | la même pirouette un tour entier | |
| Pirouette sur la pointe du pied. | | Pirouette sur le talon. | |
| Sauté en tortillant un pied. | Sauté en tortillant les 2. pieds. | Saut en avant en tortillant les 2. pieds. | Saut en ariere en tortillant les 2. pieds. |

# Supplément de pas.

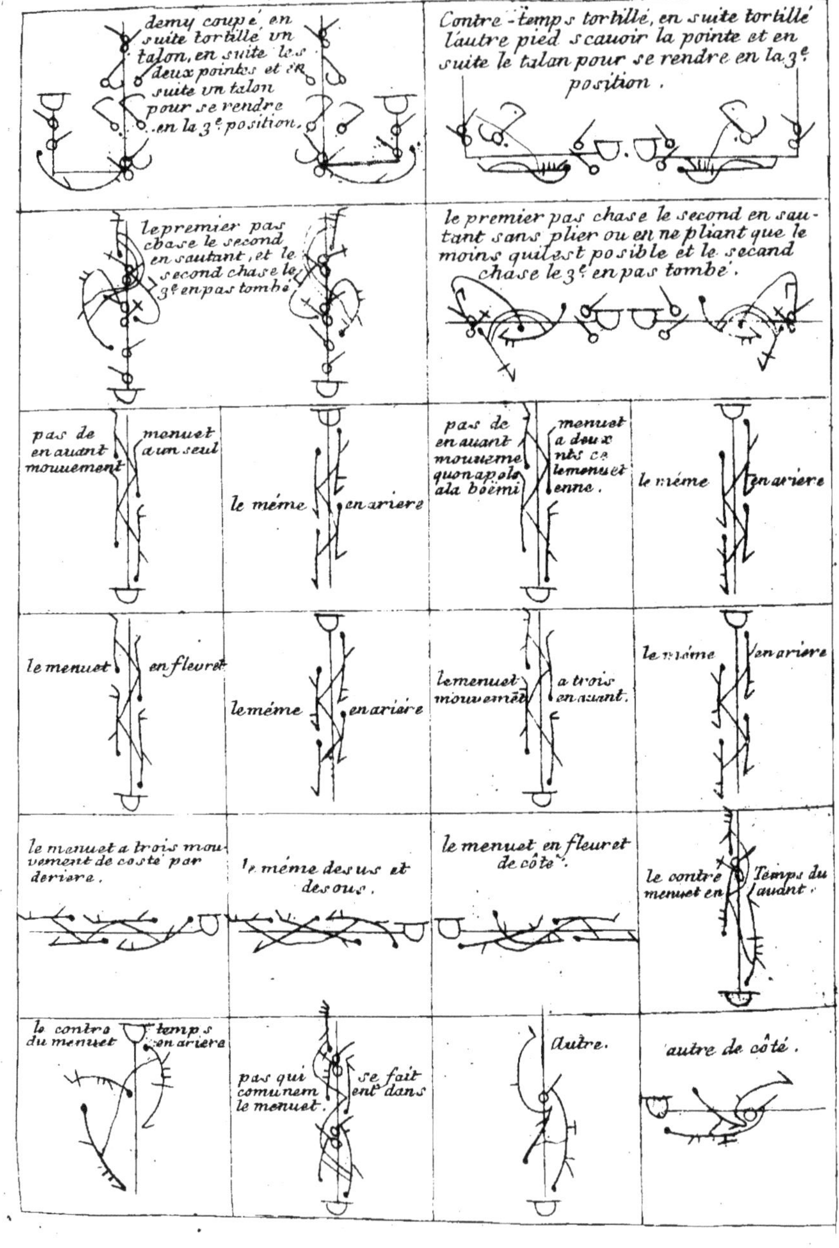

### De la Mesure ou Cadence.

ON doit remarquer trois sortes de Mesures dans la Dance, sçavoir Mesure à deux temps, Mesure à trois temps & mesure à quatre temps.

La Mesure à deux temps, comprend les Airs de Gavotte, Gaillarde, Bourrée, Rigaudon, Gigue, Canarie, &c.

La Mesure à trois temps, comprend les Airs de Courante, Sarabande, Passacaille, Chaconne, Menuet, Passepied, &c. & la Mesure à quatre temps, comprend les Airs lents, comme par exemple l'Entrée d'Apollon de l'Opera du Triomphe de l'Amour, & les Airs de Loure.

Dans les Airs à deux temps & à trois temps, on met un Pas pour chaque Mesure, & dans la Mesure à quatre temps on en met deux.

Je remarque neanmoins que ceux qui ont fait la Courante, ont mis deux Pas pour chaque Mesure, dont le premier occupe les deux premiers temps de la mesure & le deuxiéme Pas n'occupe que le troisiéme temps; & au Menuet ils n'en ont mis qu'un pour deux mesures.

Les Mesures des Dances seront marquées comme on les marque à la Musique, c'est à dire par des petites barres coupant le chemin en travers qui represente les mêmes barres qui tranchent les cinq regles de la Musique, dontl es entre-deux seront autant de mesures.

E X E M P L E.

On verra dans les Exemples suivans comme chaque Pas a rapport à chaque Mesure des Airs, sur lesquels ils sont composez.

E

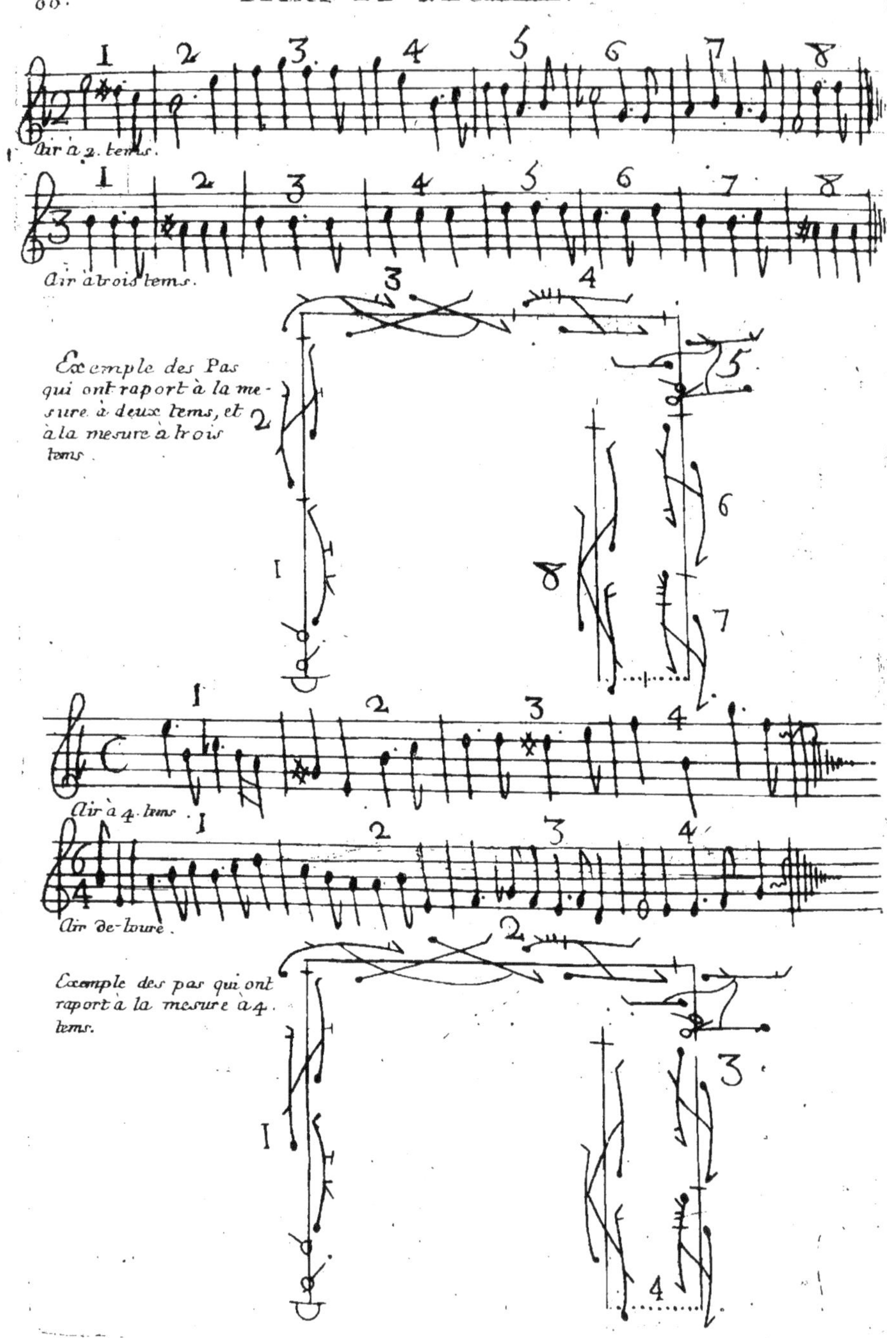

Air à 2. tems.
Air à trois tems.
Exemple des Pas
qui ont raport à la me-
sure à deux tems, et
à la mesure à trois
tems.
Air à 4. tems.
Air de-loure.
Exemple des pas qui ont
raport à la mesure à 4.
tems.

S'il arrivoit que l'on voulût mettre plus de Pas dans chaque Mesure qu'il n'y en a dans les Exemples precedens, on se serviroit des Regles suivantes.

Si l'on vouloit, par exemple, mettre dans une seule Mesure à deux temps, ou une demie Mesure à quatre temps, qui est la même valeur, un Fleuret & un Jetté; il faudroit que les trois Pas qui composent le Fleuret eussent une double liaison, qui signifieroit qu'ils doivent aller une fois plus vîte que s'ils n'en avoit qu'une, il faut aussi que le Jetté soit joint avec le Fleuret, mais d'une simple liaison seulement, afin de faire connoître que ces deux Pas ne sont plus qu'un, que j'appelleray Pas doublé, dont le Fleuret sera pour le premier temps de la Mesure, & le Jetté sera pour le deuxiéme temps.

*EXEMPLES.*

Si l'on vouloit mettre le même Pas sur une seule Mesure à trois temps, il faudroit qu'il n'y eut que les deux premiers Pas du Fleuret qui eussent double liaison, qui seroit pris pour le premier temps, le dernier Pas du Fleuret pour le deuxiéme temps, & le Jetté pour le troisiéme.

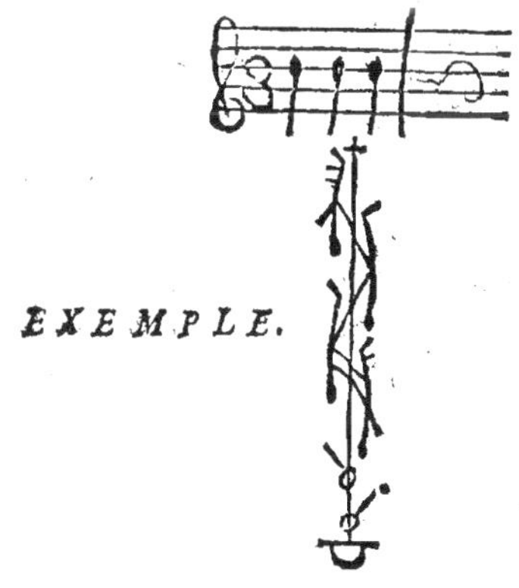

*EXEMPLE.*

Quand il faudra laiſſer paſſer quelques Meſures de l'Air ſans dancer, ſoit au commencement ou au milieu d'une Dance, on les marquera de la maniere qui ſuit, ſçavoir par une petite barre coupant le Chemin obliquement, au lieu que la precedente le coupe en travers, & on en marquera autant que l'on voudra compter de Meſures ſans dancer, & pour compter une demy Meſure, on ne marquera qu'une demy barre oblique.

*E X E M P L E.*

*Compter trois Meſures & demie.*

Mais quand il arrivera qu'on en voudra compter un plus grand nombre, ce qui occuperoit une trop grande longueur du Chemin, pour abreger, on ſe ſervira de barres qui ſeront à côté en longueur du Chemin, qui vaudront autant de quatre Meſures ainſi qu'un bâton vaut quatre Meſures dans la Muſique, à qui je donne le même nom.

*Compter quatorze Meſures.*

Quand on voudra compter un temps, un demy temps, ou un quart de temps, on ſe ſervira d'un ſoupir pour un temps, d'un demy ſoupir pour un demy temps, & d'un quart de ſoupir pour un quart de temps,

*Un quart de Temps.*
*Demy Temps.*
*Un Temps.*

Aux Airs qui ne commencent pas en frappant, c'eſt à dire où il y a des Nottes auparavant la premiere Meſure, ſur leſquelles on ne dance point ordinairement, comme aux Airs de Gavotte, Chaconne, Gigue, Loure, Bourée, &c. on marquera les valeurs deſdites Nottes au commencement.

Du Chemin, afin de faire connoître qu'il ne faut commencer à Dancer que fur la Notte en frappant de la premiere Mefure de l'Air; aprés lefquelles valeurs on marquera la mefure, ainfi qu'elle fera marquée à la Mufique aprés lefdites Nottes.

*EXEMPLES.*

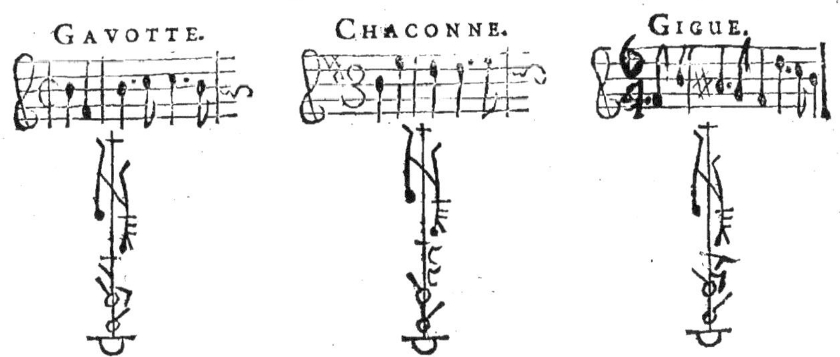



Les Lettres de l'Alphabet qui font marquées fur les Pas de l'Exemple fuivantr & qui font auffi marquées fur les Nottes & Temps de la Mefure de l'Air, fontconnoiftre aux perfonnes les moins éclairées la cadance de toutes fortes de Dances, en obfervant ce qui fuit.

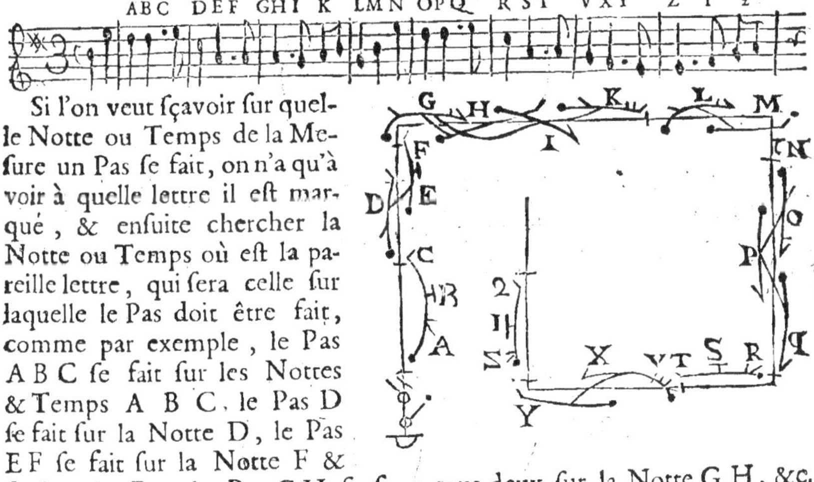



Si l'on veut fçavoir fur quelle Notte ou Temps de la Mefure un Pas fe fait, on n'a qu'à voir à quelle lettre il eft marqué, & enfuite chercher la Notte ou Temps où eft la pareille lettre, qui fera celle fur laquelle le Pas doit être fait, comme par exemple, le Pas A B C fe fait fur les Nottes & Temps A B C. le Pas D fe fait fur la Notte D, le Pas E F fe fait fur la Notte F & fur le point F, & les Pas G H fe font tous deux fur la Notte G H, &c.

Quand une page aura plus de Pas, & de Nottes qu'il n'y a de lettres dans l'alphabet, au défaut des lettres, on se servira de chifre 1 2 3 4, &c.

On remarquera que comme les lettres de l'alphabet & les chiffres ne seroient pas suffisans pour marquer tous les Pas d'une Dance particulierement quand elle est bien longue, on recommencera à chaque page à marquer par A B C D, &c. & continuer ainsi de page en page.

## De la Figure.

ON doit remarquer deux sortes de figures dans la Dance, sçavoir figure reguliere & figure irreguliere.

La figure reguliere est quand deux ou plusieurs Danceurs vont par mouvement contraire, c'est à dire que tandis que l'un va à droit, l'autre va à gauche.

### EXEMPLE.

Figure reguliere.

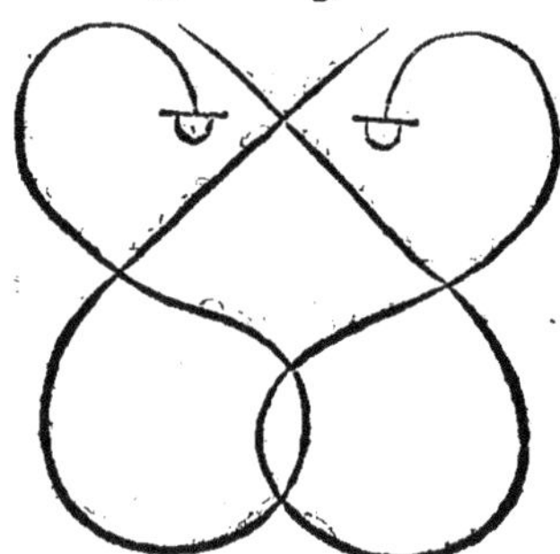

La figure irreguliere est quand les deux Danceurs qui figurent ensemble vont tous deux d'un même côté.

### EXEMPLE.

Figure irreguliere.

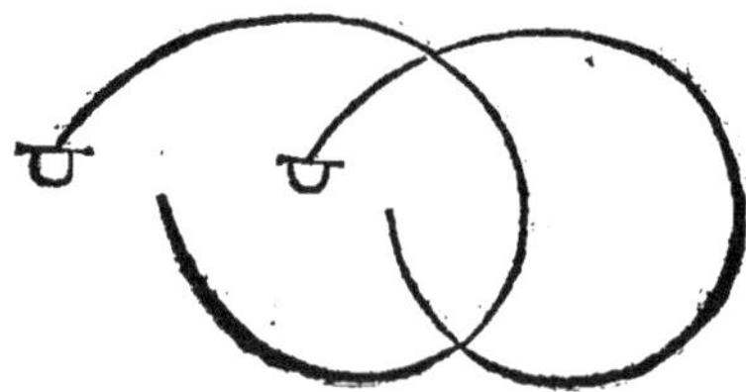

Par le moyen de la preſence du corps on connoîtra le Chemin de
l'homme d'avec celuy de la femme, en ce que le demy cercle de l'un
eſt double, au lieu que l'autre eſt ſimple, dont celuy qui eſt ſimple,
comme tous ceux qui ont été démontrez cy-devant, marque le chemin
de l'homme, & celuy qui eſt double marque le chemin de la femme.

E X E M P L E S.

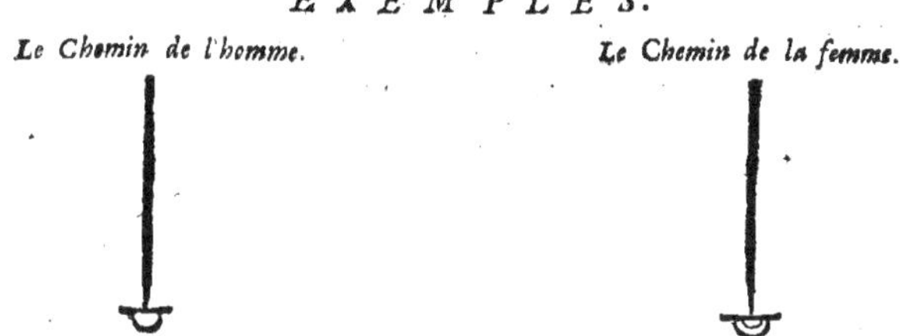


Outre ce on diſtinguera encore les chemins de deux hommes l'un d'avec
l'autre par un point qui ſe trouve au milieu du demy cercle de l'un, au
lieu que l'autre n'en a point.

Celuy où il n'y a point de point, marque le chemin ordinaire de
l'homme, & celuy où il y en a un tient la place de la femme.

E X E M P L E S.

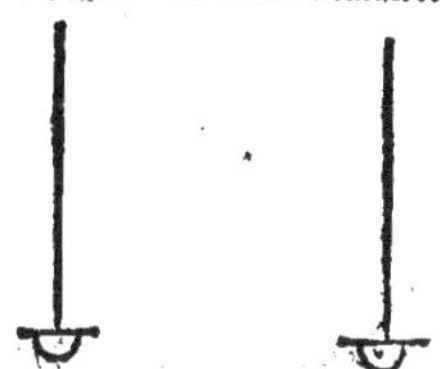


On diſtinguera auſſi les chemins de deux femmes l'un d'avec l'autre
par le même point, ſçavoir que la preſence où eſt le point, marque
le chemin ordinaire de la femme, & celuy où il n'y en a point tient la
place de l'homme.

E X E M P L E S.

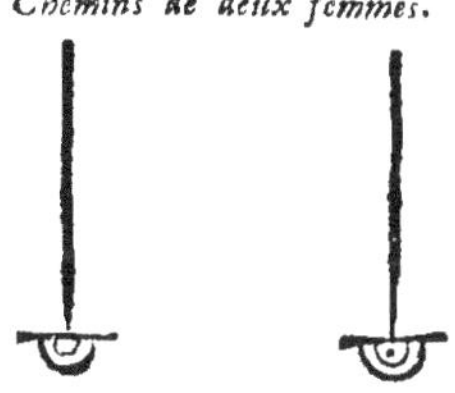

Quand un plus grand nombre de Danceurs figureront enfemble comme huit par exemple, la prefence du corps n'étant plus fuffifante pour
les diftinguer tous, puis qu'elle ne marque que pour deux ; on aura recours aux lettres de l'alphabet, dont A A marquera les deux qui figurent enfemble, B B en marquera deux autres, C C en marquera deux autres, & D D marquera les deux autres, dont chacun fera encore di-
ftingué d'avec fon figurant par ce qui vient d'être enfeigné & démontre par les Exemples precedens.

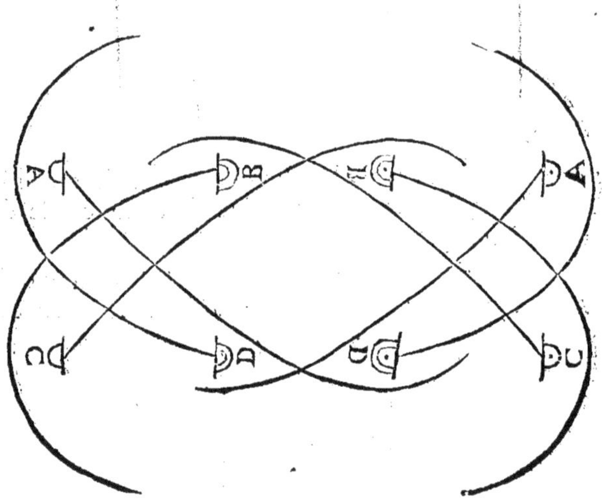


*De la maniere que chaque Danceur doit obferver fa figure en dançant.*

ON fe reffouviendra que j'ay dit à la page 4. en parlant du Che-
min, qu'il fervoit à deux ufages, premierement pour écrire les
Pas & les Pofitions ; & fecondement pour faire obferver la figure des
Dances.

Je

Je dis donc que lors que dans une dance on dance quelque efpace
de temps en une même place, on ne doit plus regarder le chemin que
comme le conducteur des Pas & non de la Figure ; mais quand la Dance
va toujours & ne refte point en place, pour lors on doit regarder le
Chemin non feulement comme le conducteur des Pas, mais encore de
la Figure : or donc pour obferver cette figure, il faut aprés s'être placé
au commencement du Chemin, fur lequel on doit dancer, de la maniere qn'il a été enfeigné à la page 35. il faut, dis-je, voir fi la figure eft
droite, diametralle, circulaire ou oblique, fi elle va en avant, en arriere,
ou de côté, foit à droit ou à gauche, comme il a été démontré dans les
Marches pages 37. 39. & 40. puis aprés avoir appris l'Air qui doit être
notté au haut de chaque page, ou fait joüer ou chanter par quelqu'un,
on ajuftera les Pas avec la Mefure, comme il a été enfeigné cy-devant en
parlant de la mefure, & on fera la figure en dançant, telle qu'elle eft
démontrée fur le papier.

Quand il arrivera que les Chemins fe croiferont les uns au travers
des autres, il faudra que les Pas de l'un ou de l'autre laiffent une diftan-
ce ou bréche fuffifante, pour laiffer paffer les Pas de l'autre Chemin, afin d'éviter la confufion qu'ils feroient, s'ils fe mêloient les uns
parmy les autres.

*E X E M P L E.*

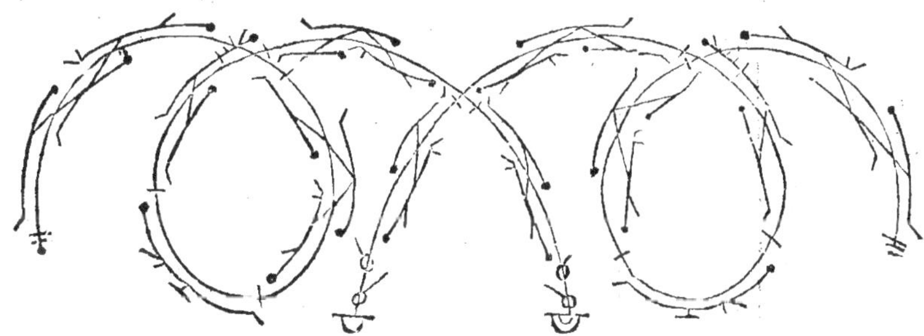

G

*Pour donner les mains en dançant.*

ON connoîtra quand il faut donner la main , lors qu'à côté du Chemin il y aura une efpece de petit croiffant au bout d'une petite barre , dont celuy qui fera à droit marquera qu'il faudra donner la main droite ; & celuy qui fera à gauche marquera qu'il faudra donner la main gauche, & quand il y en aura deux , un de chaque côté, ce fera marque qu'il faudra donner les deux mains.

*E X E M P L E S.*

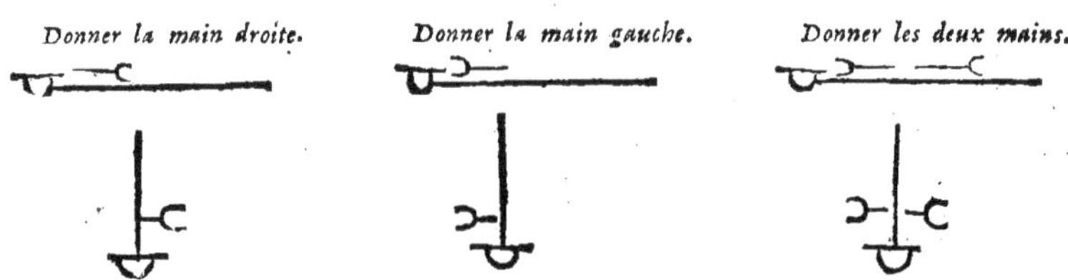



On remarquera que quand on aura donné une main ou les deux, qu'il ne les faudra point quitter jufqu'à ce qu'on aye trouvé les pareils fignes, qui feront tranchez, pour marque que c'eft en cet endroit où il faut les quitter.

*E X E M P L E S.*

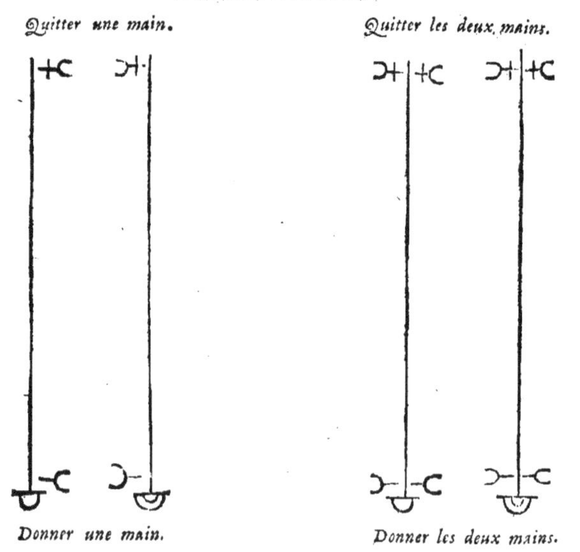

### Des Ports de Bras, & de leurs Mouvemens.

Quoy que les Ports de Bras dépendent plus du goût du Danceur que des Regles qu'on en pourroit donner, je ne laisse pourtant pas que d'en mettre icy quelques Exemples, où l'on voira par des caracteres démonstratifs les differens mouvemens que les bras peuvent faire en dançant, au moyen desquels caracteres on pourra aisément marquer dans les dances chaque port de bras qui doit accompagner chaque pas.

On connoîtra la figure du bras par les figures A B C, sçavoir A marque l'épaule ou haut du bras, B marque le coude ou milieu du bras, & C marque le poignet ou extremité du bras.

*E X E M P L E S.*

*Le Bras étendu.*      *Le Poignet plié.*      *Le Bras plié.*      *Le Bras tout-à-fait devant soy on hauteur.*

### Comme on doit placer les Bras sur un Chemin.

On distinguera les endroits où on va en avant & en arriere, d'avec ceux où on va de côté.

Ceux où on va en avant ou en arriere, on marquera les bras au deux côtez du Chemin, dont celuy qui sera du côté droit sera le bras droit, & celuy qui sera au côté gauche sera le bras gauche, & aux endroits où on va de côté, on les marquera tous deux audessus ou audessous, observant toujours que celuy qui est à droit est le bras droit, & celuy qui est à gauche est le bras gauche.

*E X E M P L E S.*

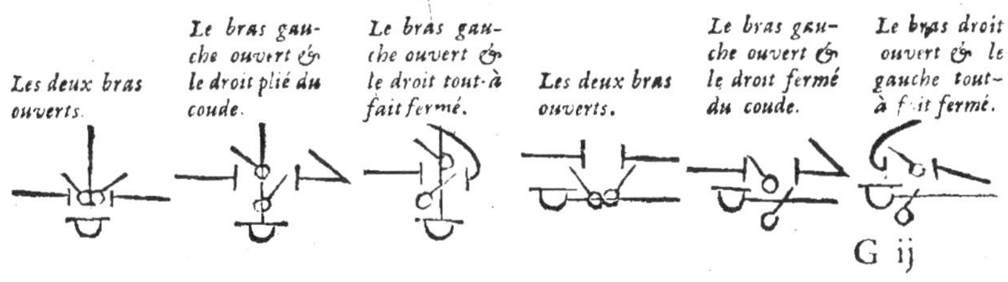


G ij

Je ne prétens point icy faire une longue explication du Mouvement des Bras, je diray seulement que comme il y a trois mouvemens depuis la ceinture en bas, de même il y a trois mouvemens dans les bras qui ont rapport les uns avec les autres, sçavoir celuy du poignet a rapport à celuy de la cheville du pied, celuy du coude a rapport à celuy du genou & celuy de tout le bras, c'est à dire de la jointure de l'épaule, a rapport à celuy de la cuisse.

On connoîtra quand le bras se meut par une ligne courbe ou ronde marquée C D sortante de l'endroit qui represente l'extremité du bras, qui marque le chemin que le poignet fait, comme depuis C jusqu'à D.

*E X E M P L E.*

Le mouvement des bras tant du poignet, du coude, que de l'épaule, se prend de deux manieres, sçavoir de bas en haut, & de haut en bas.

Le bras qui se meut de bas en haut est lors que le bras qui est ouvert vient se fermer en s'approchant devers le corps, & celuy qui se meut de haut en bas, est quand le bras qui est fermé s'ouvre en descendant.

## Exemples des Mouvemens des Bras.

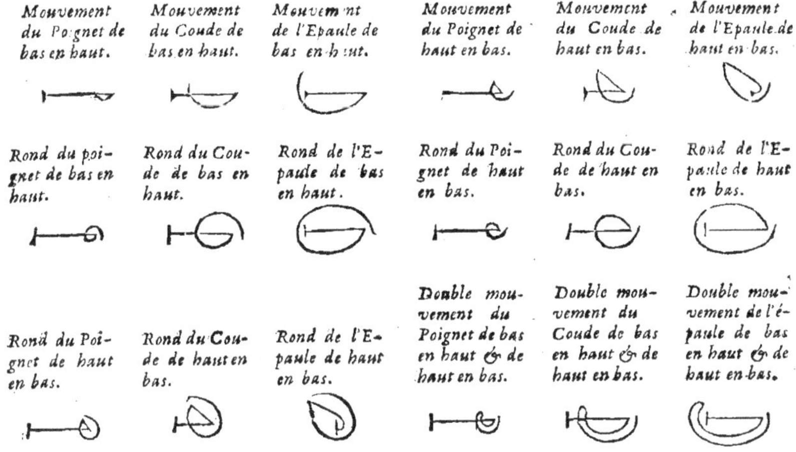



Les bras peuvent agir tous deux en même temps ou l'un aprés l'autre.

On connoîtra quand les bras agiffent tous deux en même temps par une liaifon allant de l'un à l'autre, & quand ils n'ont point de liaifon, c'eft une marque qu'ils agiffent l'un aprés l'autre.

Les bras peuvent auffi agir par même mouvement, ou par mouvement contraire.

Les bras qui agiffent par même mouvement font lors qu'ils font tous deux la même action, & par mouvement contraire, quand ils font une action differente l'un de l'autre, comme par exemple lorfque l'un s'ouvre & que l'autre fe ferme.

### EXEMPLES.

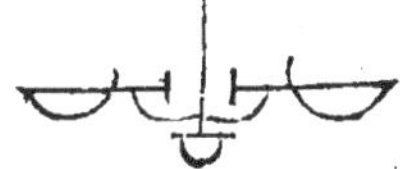

## De la batterie des Castagnettes.

POur la Batterie des Castagnettes, je me serviray des Nottes de la Musique, qui auront les mêmes valeurs & qui seront placées aux deux
côtez d'une seule ligne, dont les unes seront au dessus & les autres
au dessous.

Celles qui seront au dessus seront pour frapper de la main gauche,
& celles qui seront au dessous seront pour frapper de la main droite.

### EXEMPLES.

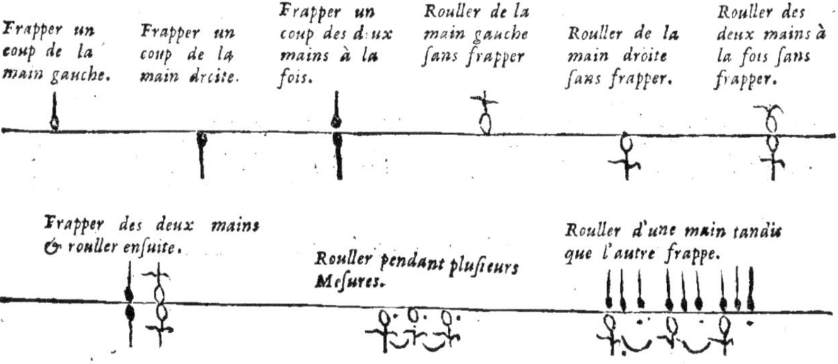


La ligne sur laquelle les Nottes sont placées doit être barrée de mesure
en mesure comme dans la Musique, entre lesquelles barres, seront marquées autant de Nottes que l'on doit battre de coups, dans chaque mesures ausquelles on donnera les valeurs convenables aux mesures de l'Air.

Il doit aussi avoir au commencement de cette ligne une espece de
Clef, qui ne servira seulement que pour en marquer le commencement, afin de pouvoir marquer ensuite le signe de mesure de l'air, &
les temps qu'il faudra compter, en cas qu'il y en ait.

### EXEMPLE.

Ayant ainſi conçû toutes choſes, on Nottera l'Air, aprés quoy on
marquera la batterie des Caſtagnettes au deſſous en forme de Par-
tition, en ſorte que chaque Meſure de la batterie ſe rapporte juſtement
à celle de l'Air qui eſt notté au deſſus.

## EXEMPLES.

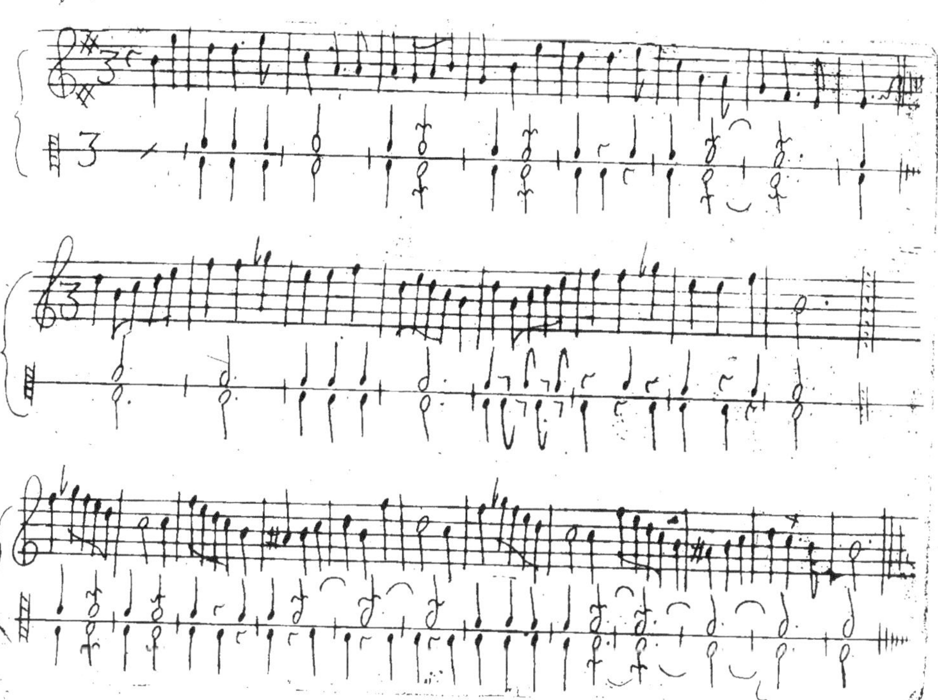

107

Folie des pagne
Couplet de Folie d'Espagne
auec les bras et la batterie
des Castagnettes, pour faire
connoistre comme on doit
pratiquer les regles precedentes.

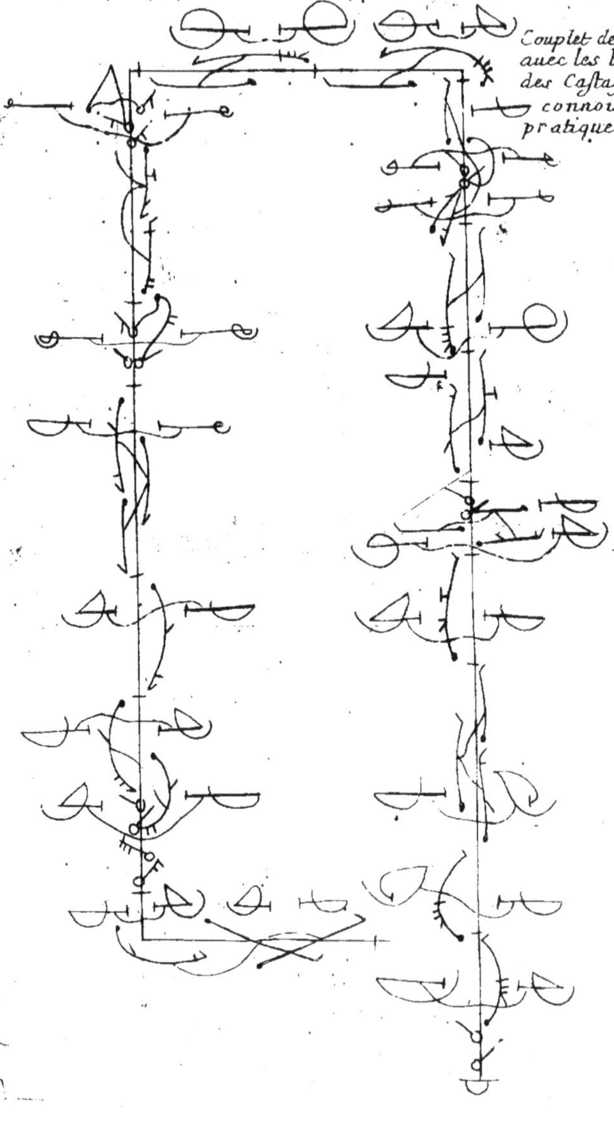

## Ce qu'il faut observer pour écrire une Dance.

IL faut premierement decider dans quel endroit de la Salle on veut commencer la Dance & y placer le commencement du Chemin ; ensuite il faut tracer le Chemin &ly marquer la Position, puis on écrira les Pas tels qu'on les voit dans les Exemples precedens, & si on se trouve embarassé pour écrire quelque Pas, on aura recours à la Table des Pas, & pour trouver quelque Pas dont on aura besoin, on examinera quel Pas c'est, si c'est un Pas de Courante, demy-Coupé, Coupé, Pas de Bourée ou Fleuret, Jetté, Contre-temps, Chaffé, Pas de Cissonne, Pirouette, Cabriolle, ou Entrechat, & ayant connu de quelle sorte de Pas c'est, si c'est un Coupé par exemple, on ira à la Table des Coupez, & si c'est une Cabriolle on ira à la Table des Cabriolles, &c, & l'ayant ainsi trouve, on remarquera de quelle maniere il est écrit, afin de pouvoir l'écrire de même.

On nottera au haut de chaque page sur lesquels la Dance sera écrite, autant de mesures de l'Air, sur lequel la Dance est composée, comme il y aura de mesures de Dance.

Quand on voudra écrire quelque Dance figurée, on remarquera que tant que la Dance va & ne reste point en une même place, qu'après avoir marqué la presence du corps ou commencement du Chemin de chaque Danceur, on dessinera le Chemin sur le papier, semblable à la figure de la Dance, puis on y marquera la Position, & les Pas comme il a été enseigne cy-dessus.

H

Lorſqu'il arrivera d'écrire pluſieurs Pas qui doivent être faits en une même place, comme par exemple au point A, on prolongera le Chemin ſoit ſur la même ligne ou d'un côté ou d'autre, ſelon que l'on trouvera le plus commode, & autant qu'il ſera beſoin, pour y placer tous les Pas qui doivent être faits au point A, lequel Chemin ne ſera qu'un Chemin emprunté, afin d'éviter la grande confuſion que feroient pluſieurs Pas, s'ils étoient écrits ſur une même place; je dis donc qu'on prolongera le Chemin comme depuis A juſqu'à B, & on remarquera que quoy le Chemin ait été prolongé depuis A juſqu'à B, que cependant le Danceur n'aura pas ſorty du point A, ce qui ſe connoîtra facilement par les Pas qui ſont depuis A juſqu'à B, leſquels ne peuvent être faits qu'en une même place.

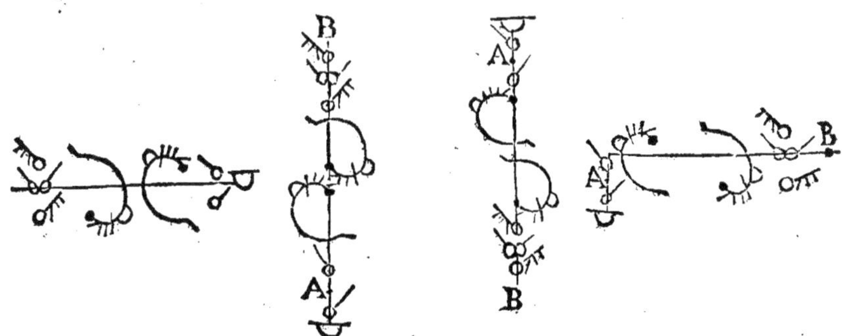


On doit remarquer à la fin de chaque page les endroits & devant quelle partie de la Salle doivent être les Danceurs, afin de marquer à la page ſuivante les commencemens des Chemins, de la même maniere qu'ils ſerout placez, & continuer ainſi de page en page juſqu'à la fin de la Dance.

Mais si au commencement d'une page deux Danceurs étoient proches l'un de l'autre, & qu'ils dussent dancer quelque espace de temps en leurs mêmes places, comme marque C D, par exemple, que les Pas ne permissent pas au chemin de se détourner d'un côté ny d'autre, & que la proximité des deux Danceurs empêchassent de prolonger les Chemins, l'un devers l'autre, pour en éviter la rencontre on seroit obligé au lieu de placer les commencemens des Chemins à C D, il faudroit les y supposer seulement & les transporter autant éloigné de C D qu'il en seroit besoin pour y pouvoir renfermer tous les Pas qui devroient être faits aux places C D, de maniere que les Pas étans achevez d'écrire les Chemins soient arrivez à C D.

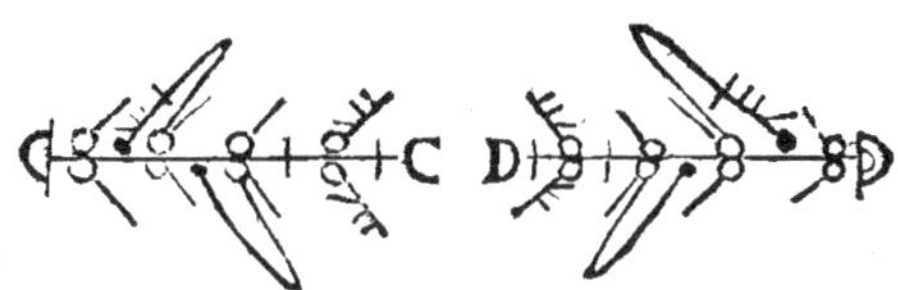



Ou bien on peut faire le contraire en mettant les commencemens des Chemins à C D, & au lieu de les faire aller l'un devers l'autre on les mettra en s'en eloignant comme de C à E & de D à F, & on trouvera que les mêmes Pas auront été faits sans que les Danceurs ayent sorty de C D, non plus qu'à l'exemple précedent, l'un & l'autre sont également bons, il s'agit seulement de prévoir lequel conviendra le mieux avec la figure qui suivra.

Pour peu que l'on veuille s'exercer dans les Dances suivantes, on acquerera la facilité d'en écrire d'autres & même à en composer.

On ne sera point surpris si dans ces Dances on y voit des Pas plus grands les uns que les autres.

La raiſon pourquoy cela ne doit point faire aucune conſequence eſt que les Pas ſe doivent reſtraindre dans les bornes des Poſitions, comme il a été démontré à la page 43. ainſi on ne doit s'attacher qu'à connoître leur Poſition, ſans avoir égard à leur grandeur, ny à leur petiteſſe.

## F I N.

---

*Fautes à corriger.*

A la page 9. à l'explication des cinq Pas chacun en particulier, *au lieu de dire* il y en a de deux ſortes, *il faut dire à tous* il ſe fait de tant de manieres, comme par exemple ; le Pas droit ſe fait de deux manieres, &c. Et ainſi des autres.

---

A PARIS. De l'Imprimerie de GILLES PAULUS DU MESNIL, ruë Frementelle prés le Puits Certain, au petit Corbeil. 1700.

www.ingramcontent.com/pod-product-compliance
Ingram Content Group UK Ltd.
Pitfield, Milton Keynes, MK11 3LW, UK
UKHW020002100726
13658UKWH00002B/762